Para:

_____

De:

_____

Esperanza en su presencia

Jesús hoy

Sarah Young

GRUPO NELSON
Una división de Thomas Nelson Publishers
Desde 1798

NASHVILLE   MÉXICO DF.   RÍO DE JANEIRO

Editora en Jefe: *Graciela Lelli*
Traducción: *Danaé Sánchez*
Adaptación del diseño al español: *Grupo Nivel Uno, Inc.*

ISBN: 978-1-60255-968-4

Impreso en Estados Unidos de América

15 16 17 18 BTY 9 8 7 6 5 4 3

LE DEDICO ESTE LIBRO A MI SOBRINO, PATRICK ALEXANder Kelly, un joven que vivió con un espíritu de esperanza y valentía. Cuando Patrick tenía veintiséis años de edad, le diagnosticaron un tipo inusual de cáncer cerebral. Fue admitido y tratado como paciente de investigación en National Institutes of Health en Bethesda, Maryland; y por la gracia de Dios, le dieron siete años más de vida abundante. Durante los años de remisión tuvo una gran esperanza de que el cáncer fuera meramente parte de su historia. De manera que se embarcó en el curso de su vida, viviendo cada día completamente en la misericordiosa gracia de Dios. A la edad de veintinueve, Patrick se casó con su esposa, Julie, y dos años más tarde, se convirtió en el orgullosísimo padre de su preciosa hija, Cecilia.

Cuando a Patrick le diagnosticaron una recurrencia del tumor cerebral a la edad de treinta y tres, le resultó un desafío sostenerse firmemente de la esperanza de la sanidad y la bendición de Dios en su vida. Sin embargo, se enfrentó a ese tumor nuevo con gran vigor, valentía y paz. Juntos, Julie y él oraban cada noche porque respondieran fielmente al difícil futuro. Luego de soportar dos meses de tratamientos rigurosos de quimioterapia, Patrick recibió el mensaje de que los resultados de los exámenes ya no hallaban cáncer en su cerebro. Familiares y amigos se alegraron porque Dios hubiera liberado de nuevo de la esclavitud del cáncer a ese joven valiente. No obstante, un mes después regresó el cáncer, junto con un repentino debilitamiento neurológico severo. El 28 de enero de 2012, Dios llevó a Patrick a su hogar celestial, donde recibió una sanidad completa y perfecta. Patrick falleció pacientemente, aferrándose a la promesa de esperanza eterna en Jesús.

Reconocimientos

Trabajar con un equipo tan talentoso es para mí una bendición. Tengo una gran deuda con Kris Bearss, mi directora de proyecto, editora y ¡mucho más! Estoy agradecida por Laura Minchew, la editora que me anima a continuar escribiendo y que me brinda ideas excelentes y novedosas. Finalmente, deseo agradecerle a Lisa Stilwell, la editora principal de los libros de regalo, por todo lo que hace para que mis libros se impriman. Estas mujeres son mucho más que colaboradoras, son amigas valiosas.

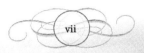

Introducción

ESCRIBIR *JESÚS HOY* HA SIDO UNA EXPERIENCIA transformadora. Lo escribí durante tres de los años más desafiantes de mi vida. Comencé a trabajar en él cuando pensé que estaba demasiado enferma para escribir otro libro. Pero nuestro gran Dios me llevó a través de esta jornada y me bendijo en el camino con su presencia inalterable.

Cuando mi editora me preguntó qué había aprendido mientras escribía el libro, la siguiente frase surgió en mi mente: *la esperanza brilla en las trincheras de la adversidad.* Permítame describirle las «trincheras» en que he estado.

Dos meses después de mudarme a Perth, Australia Occidental (en 2001), caí enferma con síntomas gripales de los cuales no me recuperé. Eso finalmente fue diagnosticado como síndrome de fatiga crónica, por lo que viví con ese diagnóstico durante años.

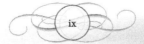

En 2008 comencé a reevaluar mi condición física. Existen varias razones para ello. Una serie de personas comenzaron a informarme acerca de la enfermedad de Lyme, sugiriendo que esa podía ser la fuente de los síntomas con que estaba luchando. Luego, en octubre de ese año —al siguiente día que terminé de escribir *Jesus lives* [Jesús vive]— tuve un ataque de vértigo. Fue tan repentino y debilitante que me pregunté si habría tenido una apoplejía. Esa fase grave pasó rápidamente y se transformó en una fase crónica más leve que ha continuado todos los días. ¡Eso me llamó la atención! Luego recordé que tuve al menos de treinta a cuarenta mordeduras de garrapata mientras viví en la propiedad que mis padres poseyeron en Tennessee, de 1999 a 2001. Incluso tuve síntomas gripales recurrentes durante ese tiempo, pero no había sospechado ninguna conexión con las mordeduras de garrapata. También recordé que esa propiedad familiar albergó muchos ciervos, y las mordeduras del tipo de garrapata que vive entre los ciervos a menudo transmiten la enfermedad de Lyme al humano.

Existen muy pocos tratamientos en Australia para la enfermedad de Lyme, de modo que comencé a buscar médicos en Estados Unidos. Varias personas me recomendaron una médica del Medio Oeste, experta en la enfermedad de Lyme. La primera cita que pude concertar para una evaluación de tres días fue en abril de 2009. Acudí en avión, sola desde Australia, a través de los vastos mares, la línea de cambio horario y la mitad de Estados Unidos. Tuve que utilizar sillas de ruedas en todos los aeropuertos, una de las cosas que menos me gusta hacer. Pero estaba en una misión: encontrar una manera de mejorar.

La doctora ordenó cuarenta y dos análisis sanguíneos el primer día que estuve ahí y una tomografía computarizada por emisión de fotones individuales el segundo día. Además tuve muchas horas de consulta con ella. Al día siguiente, me encontraba de vuelta en los aeropuertos, viajando hacia Nashville, para estar con familiares y amigos. Semanas después en una consulta telefónica, mi médica confirmó su diagnóstico de bartonelosis (una coinfección de la enfermedad de Lyme). Me recetó altas dosis de dos antibióticos orales y me recomendó que regresara a su clínica para recibir varios meses de tratamiento de antibiótico intravenoso.

Debatí larga y arduamente acerca de comprometerme con ese programa de tratamiento demasiado costoso y extenuante. Sin embargo, la médica me había dicho que eso aceleraría y mejoraría mi recuperación, por lo que la idea de mejorarme era sumamente atractiva. Así que decidí que valía la pena la inversión. Para entonces, mi esposo estaba conmigo, y condujo hacia la ciudad del Medio Oeste donde se encontraba ubicada la clínica de la médica.

Yo tenía que estar en la clínica, lista para recibir el tratamiento a las 6:45 cada mañana, los siete días de la semana. Además, tenía que regresar todas las tardes para recibir más tratamiento intravenoso. Las medicinas me hacían sentirme más enferma, pero ese proceso doloroso fue un medio hacia un final: la restauración de mi salud.

Luego de haber completado cuatro semanas de tratamiento, mi esposo tuvo que regresarse a Australia, pero todavía me faltaban ocho semanas. Algunos cristianos (y unos cuantos no cristianos) de la zona se ofrecieron e hicieron posible que yo completara las doce semanas de tratamiento. Algunas de esas personas —especialmente mi familia anfitriona— fueron heroicos en los cuidados que tuvieron conmigo, nunca los olvidaré.

A mitad de camino del protocolo de doce semanas, la doctora me dijo que también padecía babesiasis (otra coinfección de la enfermedad de Lyme). Ella me lo anunció alegremente, como si fueran buenas noticias; pero yo me desanimé sumamente con esa noticia.

Poco antes de terminar el tiempo de mi tratamiento, recibí varias horas de poderosa plegaria por parte de algunos guerreros de oración locales. Comencé a sentirme significativamente mejor después de eso y empecé a caminar un poco por el vecindario en que estaba viviendo. No estaba segura si mi mejoría se debía al tratamiento, a la oración o a ambas cosas; pero estaba agradecida y animada. Sin embargo, esa mejoría duró poco tiempo. Unos días después de mi último tratamiento intravenoso, recaí. Regresé a Australia a finales de octubre con una gripe muy fuerte y una desilusión masiva. Continué tomando altas dosis de antibióticos orales y muchos suplementos, pero mi salud no mejoró.

Una vez que regresé de nuevo a mi vida en Perth, pensé en escribir un poco. Mi mente gravitaba hacia la esperanza, algo que necesitaba con urgencia en ese momento. La sanidad continuaba eludiéndome, pero me di cuenta de que todavía tenía esperanza en Jesús: su bondad, su amor inagotable, su presencia continua. Esa esperanza se convirtió gradualmente en la luz que brillaba entre las tinieblas de la desilusión.

Escribir me fue muy difícil en ese momento, debido a la disfunción cognitiva. Cuando se agravó más, le decía a mi esposo: «Siento como si estuviera a punto de perder la conciencia».

Mi médico de Perth ordenó algunos análisis sanguíneos que mostraron que padecía hiperparatiroidismo primario, causado por un tumor benigno en una de mis cuatro glándulas paratiroides. Tuve que desplazarme en avión por Australia a Melbourne, para que eliminaran el tumor a través de una cirugía mínimamente invasiva. El cirujano que me trató era muy hábil y el procedimiento fue exitoso. Al poco tiempo que desperté de la anestesia mi hijo, que estaba en Tennessee, pudo llamarme a mi cuarto de hospital. Incluso con la anestesia que continuaba sintiendo en mi cuerpo, pude decirle con sinceridad que me sentía más alerta que antes. Como resultado de esa cirugía, la disfunción cognitiva que me había estado conteniendo se redujo significativamente.

Al poco tiempo regresé a Perth y estuve lista para escribir otra vez. Aunque continuaba luchando con muchos síntomas, la luz de la esperanza de Jesús se hizo cada vez más brillante, a medida que continuaba escribiendo, enfocándome en él. Descubrí que esa esperanza es una manera de ver, ¡un tipo de visión que derrota el desánimo!

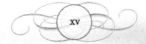

Estoy convencida de que si hubiera estado más sana, no habría podido escribir este libro. Tal vez podría haber sido capaz de escribir uno diferente, pero no este. ¡*Jesús hoy: esperanza en su presencia,* definitivamente surgió de las trincheras! Y está diseñado para hablar esperanza a las vidas de todos sus lectores.

Creo que este mensaje de esperanza es extremadamente importante para este tiempo: para la gente de todo Estados Unidos y de todo el mundo. Muchas personas se están sintiendo bastante inseguras y ansiosas debido a los problemas económicos, las catástrofes naturales, los gobiernos inestables en diversas partes del mundo, además de las amenazas nucleares y terroristas. Hay una desesperanza que se está extendiendo en la mentalidad de la gente al mirar los problemas de su vida y de quienes los rodean. También existe una sensación de impotencia entre la gente que ha perdido empleos, casas, salud o a seres amados. Pero la esperanza que podemos encontrar en la Biblia es una realidad sólida, sin importar lo que esté sucediendo en nuestra vida o en el mundo.

Para los cristianos, nuestra esperanza está firmemente cimentada en la cruz de Cristo. Debido a que él pagó la pena de todos nuestros pecados, sabemos que somos completamente perdonados y que finalmente nuestra historia termina bien: ¡en los portales del cielo! Incluso ahora, mientras vivimos en las trincheras de este mundo, tenemos la seguridad de que Dios tiene el control y que él es bueno.

En este libro hago bastante referencia al cielo. De modo que deseo aclarar cuál es el futuro glorioso para nosotros —y *solamente*— quienes reconocemos nuestra pecaminosidad y pedimos el perdón de Jesús asegurado a través de la obra consumada de la cruz.

Así como *Jesús te llama*, *Jesús hoy* está escrito desde la perspectiva de Jesús hablándote a *ti*, el lector. Al igual que con todos mis libros, dependí de la ayuda del Espíritu Santo mientras trabajaba, buscando escuchar a Jesús a través del proceso creativo. Cuando escribo de esa manera, siempre soy selectiva con lo que escucho. Si algo no parece bíblico, lo rechazo. Creo que la Biblia es la Palabra infalible de Dios, y me esfuerzo por representarles a mis lectores solamente lo que sea coherente con ese patrón invariable.

En *Jesús hoy* hay 150 entradas de devocionales de dos páginas cada una. Todos los versículos están escritos, tal como lo están en *Jesus Lives*. Además, hay cincuenta citas acerca de la esperanza (de autores cristianos y de la Biblia) repartidas a lo largo de este libro. Estas citas pueden proporcionarte un rápido «estímulo de esperanza» cuando no haya tiempo para una lectura profunda. También hay un índice de la Escritura en la parte final del libro.

Estaré orando diariamente por todos los lectores de este libro. Deseo que *Jesús hoy* le dé un salvavidas a la gente que se sienta hundirse en la desesperanza, así como una fuente de ánimo a aquellos cuya vida no esté tan desesperada. Mis libros tienden a hablarles a diferentes personas en maneras distintas, llegando a donde ellos se encuentren. Creo que es por eso que los libros ayudan a la gente a conectarse con Jesús, y *él* acude justo ahí donde nosotros estamos.

¡Solo a él sea la gloria!

Sarah Young

¿No sabe que el día amanece tras la noche, las lluvias desplazan la sequía y la primavera y el verano le siguen al invierno? Entonces, ¡que su esperanza sea para siempre! ¡Espere siempre, porque Dios no le fallará!

Charles Spurgeon

«He aquí que yo hago cosa nueva; pronto saldrá a luz; ¿no la conoceréis? Otra vez abriré camino en el desierto, y ríos en la soledad».

Isaías 43.19

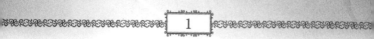

ESPERA EN MÍ Y MI AMOR INAGOTABLE SERÁ sobre ti. Algunos de mis hijos han olvidado cómo esperar. Han sido decepcionados tantas veces que no desean arriesgarse a ser desilusionados otra vez. De manera que siguen adelante estoicamente, viviendo de manera mecánica. Otras personas colocan su esperanza en la solución de los problemas, tratamientos médicos, el mercado bursátil, la lotería, entre otras cosas. Pero yo te desafío a colocar tu fe completamente en *mí.*

No importa lo que esté sucediendo ahora en tu vida, tu historia tiene un final asombrosamente feliz. Aunque el camino por delante te parezca oscuro, hay una luz brillante y eterna al final de tu camino terrenal. Mi obra consumada en la cruz te aseguró esa esperanza y está completamente garantizada. Además, saber que tu historia termina bien puede llenar de gozo tu viaje presente. Entre más pongas en mí tu esperanza, más brilla sobre ti la luz de mi amor, iluminando tu día. ¡Recuerda que estoy continuamente contigo, y yo mismo *soy* tu esperanza!

Nuestra alma espera a Jehová; nuestra ayuda y nuestro escudo es él. Por tanto, en él se alegrará nuestro corazón, porque en su santo nombre hemos confiado. Sea tu misericordia, oh Jehová, sobre nosotros, según esperamos en ti.
—Salmos 33.20–22

En la esperanza de la vida eterna, la cual Dios, que no miente, prometió desde antes del principio de los siglos. —Tito 1.2

Pablo, apóstol de Jesucristo por mandato de Dios nuestro Salvador, y del Señor Jesucristo nuestra esperanza.—1 Timoteo 1.1

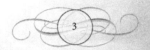

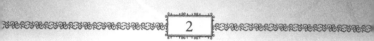

Descansa en mi presencia, sabiendo que *nada puede separarte de mi amor.* El peor de los casos de tu vida —que dejara de amarte— ni siquiera cabe en lo posible. Por lo tanto, alégrate de no tener que ser demasiado bueno para ganarte mi amor *ni* mantenerlo. Este amor es un regalo puro que fluye de mi justicia perfecta; te asegura tu conexión conmigo —tu Salvador— para toda la eternidad.

Ya que lo peor imaginable no es posible, puedes relajarte y vivir *más abundantemente.* Cuando las cosas marchan bien en tu vida, deseo que disfrutes esos buenos momentos al máximo, sin preocuparte por lo que vendrá. Cuando estés enfrentando tiempos difíciles, yo te ayudaré y te fortaleceré con mi amor. Aunque vivas en un mundo donde los problemas sean inexorables, ¡tú puedes *confiar,* porque *yo he vencido al mundo*!

Ni lo alto, ni lo profundo, ni ninguna otra cosa creada nos podrá separar del amor de Dios, que es en Cristo Jesús Señor nuestro.
—Romanos 8.39

El ladrón no viene sino para hurtar y matar y destruir; yo he venido para que tengan vida, y para que la tengan en abundancia.
—Juan 10.10

Estas cosas os he hablado para que en mí tengáis paz. En el mundo tendréis aflicción; pero confiad, yo he vencido al mundo.
—Juan 16.33

ALGUNAS VECES MI MANO SOBERANA —CON que controlo tu vida— te coloca en circunstancias humillantes. Te sientes refrenado, atado e impotente para cambiar las cosas. Anhelas liberarte y sentir que tienes el control de tu vida otra vez. Aunque esa sea una posición incómoda, en realidad es un buen lugar donde estar. Tu incomodidad te saca de la rutina tediosa y te recuerda que yo estoy encargado de tu vida. Asimismo representa que tienes una decisión importante: puedes arremeter contra tus circunstancias —perjudicando lo que quiero hacer contigo—, o acercarte a mí.

Cuando sufres, necesitas de mí más que nunca. Entre más elijas acercarte a mí, afirmando en mí tu confianza, más esperanza encontrarás en mi *amor inagotable*. Incluso puedes aprender a *estar gozoso en la esperanza*, mientras aguardas en mi presencia, en la que abunda el gozo. Persevera confiando en mí y al final *te levantaré*. Mientras tanto, *echa toda tu ansiedad sobre mí*, sabiendo que *yo tengo cuidado de ti* con afecto y estoy cuidando de ti continuamente.

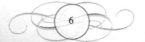

Muchos dolores habrá para el impío; mas al que espera en Jehová, le rodea la misericordia.
—Salmos 32.10

Gozosos en la esperanza; sufridos en la tribulación; constantes en la oración.
—Romanos 12.12

Me mostrarás la senda de la vida; en tu presencia hay plenitud de gozo; delicias a tu diestra para siempre. —Salmos 16.11

Humillaos, pues, bajo la poderosa mano de Dios, para que él os exalte cuando fuere tiempo; echando toda vuestra ansiedad sobre él, porque él tiene cuidado de vosotros.
—1 Pedro 5.6–7

Cuando confías en mí, te refugias en mí. De manera que confiar en mí es más que cuestión de palabras; es primordialmente un asunto de voluntad. A medida que avance este día, te encontrarás muchas cosas que pueden provocarte ansiedad, incluso algunos de tus pensamientos. Si no te mantienes alerta, los sentimientos de ansiedad pueden entrar en tu día sin que lo percibas. Cuando eso suceda, te preguntarás por qué de pronto comenzaste a sentirte mal. Normalmente solo ignoras esos pensamientos. O puedes intentar adormecerlos con comida, bebida, televisión, chisme y otras distracciones. Cuan mejor es «atrapar» los pensamientos de preocupación antes de que se apoderen de ti. Es por ello que te digo: «¡Vela!».

Si estás atento y velando, puedes decidir refugiarte en mí cuando la ansiedad se te acerque. Un refugio es un lugar que proporciona protección o albergue: un remanso seguro. Es algo a lo que puedes acudir por ayuda, socorro o escape. Yo anhelo ser tu refugio y estoy contigo en todo tiempo. No obstante, debes ejercer

tu voluntad al acudir a mí por ayuda. De esa manera me haces a mí tu refugio, demostrando así tu confianza en mí. *Bendecido —feliz, envidiado— es aquel que se refugia en mí.*

Practiquen el dominio propio y manténganse alerta. Su enemigo el diablo ronda como león rugiente, buscando a quién devorar.
—1 Pedro 5.8, NVI

Ten misericordia de mí, oh Dios, ten misericordia de mí; porque en ti ha confiado mi alma, y en la sombra de tus alas me ampararé hasta que pasen los quebrantos.
—Salmos 57.1

Prueben y vean que el SEÑOR es bueno; dichosos los que en él se refugian.
—Salmos 34.8, NVI

YO HARÉ VENIR SANIDAD PARA TI Y SANARÉ TUS heridas. Yo estoy contigo, dentro de ti y alrededor de ti, obrando continuamente en tu vida. Cuando tu conciencia se ensombrece, mi presencia continúa brillando fuertemente sobre ti. Esa luz tiene un inmenso poder sanador. Atrévete a pedirme grandes cosas, recordando quién yo soy. *Yo puedo hacer más abundantemente de lo que pides o esperas.* Al reflexionar en mi habilidad ilimitada para ayudarte, fortalecerás tu fe y esta te alentará a orar audazmente.

Orar en mi nombre —con perseverancia— puede lograr grandes cosas. Aprende de la parábola de la viuda persistente, que se negó a rendirse. Ella continuó llevando su petición *a un juez que ni temía a Dios, ni respetaba a hombre.* Finalmente, su persistencia lo agotó y le dio lo que ella buscaba. ¡Cuánto más *yo* les responderé a mis hijos que *claman a mí día y noche*! Aunque posiblemente tengas que esperar un largo tiempo, no te rindas. *Porque todo el que pide y continúa pidiendo, recibe; el que busca y continúa buscando, encuentra.*

Mas yo haré venir sanidad para ti, y sanaré tus heridas, dice Jehová; porque desechada te llamaron, diciendo: Esta es Sion, de la que nadie se acuerda. —Jeremías 30.17

Y a Aquel que es poderoso para hacer todas las cosas mucho más abundantemente de lo que pedimos o entendemos, según el poder que actúa en nosotros. —Efesios 3.20

Diciendo: Había en una ciudad un juez, que ni temía a Dios, ni respetaba a hombre [...] ¿Y acaso Dios no hará justicia a sus escogidos, que claman a él día y noche? —Lucas 18.1, 7

Pues todo el que pide, recibe; todo el que busca, encuentra; y a todo el que llama, se le abrirá la puerta. —Lucas 11.10, NTV

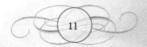

APRENDE A VIVIR EN UN LUGAR DE DESCANSO en mí. Debido a que yo —el *Príncipe de paz*— estoy contigo y dentro de ti, puedes decidir vivir en este lugar pacífico de unidad conmigo. Eso te hace permanecer tranquilo en medio de situaciones estresantes, al reenfocarte en mí. Podemos lidiar juntos con tus problemas —tú y yo—, así que no hay razón para sentir pánico. Sin embargo, entre más difíciles sean tus circunstancias, más tentador te es ir a toda marcha y olvidarte de mi presencia pacificadora.

Tan pronto como te des cuenta de que te has alejado de tu lugar de paz, regresa a mí inmediatamente. Clama mi nombre, porque eso te reconecta conmigo y te ayuda a sentirte seguro. No te desanimes por la frecuencia con que te alejas de mí. Estás de camino a formar un nuevo hábito y eso toma tiempo, además de trabajo persistente. Las recompensas, no obstante, bien valen tus esfuerzos. Entre más regreses a mí —a nuestro lugar de descanso—, más pacífica y gozosa será tu vida.

Porque un niño nos es nacido,
hijo nos es dado, y el principado sobre su
hombro;
y se llamará su nombre
Admirable,
Consejero,
Dios Fuerte,
Padre Eterno,
Príncipe de Paz.
—Isaías 9.6

Todo lo puedo en Cristo que me fortalece.
—Filipenses 4.13

Torre fuerte es el nombre de Jehová; a él
correrá el justo, y será levantado.
—Proverbios 18.10

Es muy difícil aguardar
con esperanza, pero la
verdadera paciencia se
expresa cuando
debemos aguardar por
esperanza. Habré
alcanzado mayor fuerza
una vez que haya
aprendido a aguardar
por la esperanza.

George Matheson

Esforzaos todos vosotros los que esperáis en Jehová, y tome aliento vuestro corazón.

Salmos 31.24

7

Deseo que me ames, que escuches mi voz y que te apegues a mí, porque yo soy tu vida. Este es el camino de la sabiduría. Te estoy entrenando para que permanezcas cerca de mí cuando camines por sendas peligrosas. En cualquier relación cercana, escuchar y amar son cosas muy importantes, y ambas están interconectadas. Escúchame mientras *me gozo sobre ti con alegría y callo de amor.* Pídele al Espíritu Santo que te ayude a recibir la medida completa de mi glorioso amor. Esto incrementará dramáticamente tu amor por mí.

El mundo está lleno de peligros, de manera que es sabio sostenerte fuertemente de mi mano. Escucha —a través de mi Espíritu y mi Palabra—, mientras te hablo en los tiempos difíciles. *Derrama delante de mí tu corazón,* recordando que *yo soy tu refugio.* A medida que sostengas un diálogo conmigo, te ayudaré a lidiar con todo lo que esté ante ti. *Sujétate de mí fuertemente,* amado, *porque yo soy tu vida.*

[Elije la vida] amando a Jehová tu Dios, atendiendo a su voz, y siguiéndole a él; porque él es vida para ti, y prolongación de tus días; a fin de que habites sobre la tierra que juró Jehová a tus padres, Abraham, Isaac y Jacob, que les había de dar. —Deuteronomio 30.20

Jehová está en medio de ti, poderoso, él salvará; se gozará sobre ti con alegría, callará de amor, se regocijará sobre ti con cánticos. —Sofonías 3.17

Esperad en él en todo tiempo, oh pueblos; derramad delante de él vuestro corazón; Dios es nuestro refugio. —Salmos 62.8

8

Yo soy el fundamento y el enfoque de tu vida. Soy un fundamento firme: uno que no será removido. Antes de que me conocieras como Salvador, no tenías nada sobre lo cual edificar. Cada vez que intentaste crear algo significativo, colapsó como un castillo de naipes. Sin mí, todo es finalmente «*¡Vanidad de vanidades! ¡Vanidad de vanidades!*». Desde que me convertí en tu Salvador, tú has estado edificando sobre la roca de mi presencia. Algunas de las cosas en que te has esforzado, han florecido, otras no; pero siempre tienes un *lugar firme donde pararte*: sobre el fundamento que te he proporcionado.

La clave para traer estabilidad a tu vida es *ponerme siempre delante de ti*. Cuando me hagas tu enfoque, podrás caminar firmemente por la senda de la vida. Diversas distracciones competirán por tu atención en el camino, pero *yo* soy la dirección que va continuamente delante de ti. Por lo tanto, sigue mirando hacia delante, donde estoy. Mírame cuando te llamo —paso a paso— de camino al cielo.

Vanidad de vanidades, dijo el Predicador;
vanidad de vanidades, todo es vanidad.
—Eclesiastés 1.2

Viva Jehová, y bendita sea mi roca, y
engrandecido sea el Dios de mi salvación.
—2 Samuel 22.47

Y me hizo sacar del pozo de la desesperación,
del lodo cenagoso; puso mis pies sobre peña, y
enderezó mis pasos. —Salmos 40.2

A Jehová he puesto siempre delante de mí;
porque está a mi diestra, no seré conmovido.
—Salmos 16.8

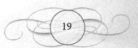

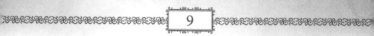
¡Mira en la dirección correcta! En el mundo que te rodea hay paisajes cuya belleza resplandece así como páramos oscuros y horrendos. Cuando miras en la dirección correcta —hacia lo *verdadero, lo honesto, lo amable*—, eres alentado y fortalecido. Yo te creé con una gran capacidad para disfrutar la belleza y la bondad. Tu alma resuena con estas bendiciones, extrayendo de ellas fortaleza.

A medida que avance el día, encontrarás cosas que te harán avergonzarte, cosas malas y desagradables. Lidia con ellas como tu prioridad, pero no permitas que se conviertan en tu enfoque. Recuerda que estoy contigo, escúchame. Escúchame cuando te digo una y otra vez: «Mira en la dirección *correcta*».

Hay belleza no solamente en el mundo visible, sino también en lo que no se ve. Este mundo, en su condición caída, nunca puede satisfacerte completamente. Tú anhelas perfección, yo soy la realización de ese profundo anhelo. Yo soy perfecto en todo sentido; no obstante, puedo permanecer cerca de ti mientras caminas en este mundo manchado por el pecado. Por lo tanto, mira en la dirección correcta —hacia las bendiciones, hacia mí—, y el gozo de mi presencia brillará sobre ti.

Por lo demás, hermanos, todo lo que es verdadero, todo lo honesto, todo lo justo, todo lo puro, todo lo amable, todo lo que es de buen nombre; si hay virtud alguna, si algo digno de alabanza, en esto pensad. —Filipenses 4.8

Mis ovejas oyen mi voz, y yo las conozco, y me siguen. —Juan 10.27

Jehová haga resplandecer su rostro sobre ti, y tenga de ti misericordia. —Números 6.25

Me has dado a conocer la senda de la vida; me llenarás de alegría en tu presencia, y de dicha eterna a tu derecha. —Salmos 16.11, NVI

10

Confía en mí aquí y ahora. Estás en una formación rigurosa; en un camino arriesgado, diseñado solamente para ti. Este camino no es de tu elección, pero es el que tengo para ti. Estoy haciendo cosas que no puedes comprender. Es por ello que te digo: «¡Confía en mí!».

Esta jungla es espesa y no puedes ver con claridad lo que está ante ti, detrás de ti o a tu lado. Sostente de mi mano mientras sigues este camino de oscuridad sombría. Aunque no puedas verme, mi presencia en ti es una realidad sólida como la roca. Encuentra esperanza en mí, amado, porque yo estoy cuidándote.

Enfócate en mí y en todo lo que soy para ti, aunque tus circunstancias clamen por una resolución. Rehúsa obsesionarte en tus problemas y en cómo los arreglarás. Al contrario, afirma tu confianza en mí, aguarda con esperanza en mi presencia y mira lo que haré.

*¿Quién hay entre vosotros que teme a Jehová, y
oye la voz de su siervo? El que anda en tinieblas
y carece de luz, confíe en el nombre de Jehová,
y apóyese en su Dios.* —Isaías 50.10

*¿Por qué voy a inquietarme? ¿Por qué me voy a
angustiar? En Dios pondré mi esperanza y
todavía lo alabaré. ¡Él es mi Salvador y mi
Dios!* —Salmos 42.5, NVI

*Mas yo a Jehová miraré, esperaré al Dios de mi
salvación; el Dios mío me oirá.* —Miqueas 7.7

11

Utiliza tus pruebas y tus problemas para acercarte a mí. Cuando comiences a sentirte angustiado, cambia la situación hablando conmigo. Deja que el dolor y los problemas te recuerden tu constante necesidad de mí. Crea una colección de oraciones breves, tales como: *«Ayúdame, Jesús. Lléname de tu paz. Muéstrame tu camino»*. Estas peticiones son nutrimentos espirituales, vitaminas para el alma. Entre más las utilices, más sano y feliz serás.

Cuando mires los problemas de esa manera —como recordatorios para acercarte a mí—, realmente podrás gozarte en tus pruebas. Desde luego, eso requiere que entrenes tu mente a que cambie rápidamente del modo de problemas al de oración. Es crucial que tengas tu arsenal de oraciones listo para usarse. Pídele al Espíritu Santo que te ayude en tu preparación: te ayude a formar oraciones que fluyan con facilidad de tu corazón. Luego, practica diciéndomelas hasta que te familiarices íntimamente con ellas. Cuando encuentres cualquier problema, busca tu arsenal de oraciones, y di una o más oraciones con osadía. El enemigo se retirará y yo me acercaré.

Enséñame, oh Jehová, tu camino, y guíame por senda de rectitud a causa de mis enemigos.
—Salmos 27.11

Amados hermanos, cuando tengan que enfrentar problemas, considérenlo como un tiempo para alegrarse mucho.
—Santiago 1.2, NTV

Someteos, pues, a Dios; resistid al diablo, y huirá de vosotros. Acercaos a Dios, y él se acercará a vosotros. Pecadores, limpiad las manos; y vosotros los de doble ánimo, purificad vuestros corazones. —Santiago 4.7–8

Hazme oír por la mañana tu misericordia, porque en ti he confiado; hazme saber el camino por donde ande, porque a ti he elevado mi alma. —Salmos 143.8

12

YO SOY EL SEÑOR DE PAZ. Y TE DOY PAZ SIEMPRE en toda manera. Hay un profundo hueco dentro de ti que solamente puede ser llenado con la presencia de mi paz. La gente que no me conoce intenta llenar su vacío en maneras diversas o simplemente pretende que no existe. Con frecuencia, ni siquiera mis hijos logran reconocer la extensión completa de su necesidad: *siempre* y en toda situación. Pero reconocer tu necesidad es solamente la mitad de la batalla. La otra mitad es creer que yo puedo suplir toda tu necesidad y que lo haré.

Al poco tiempo de mi muerte, les prometí paz a mis discípulos, y a todos los que se convertirían en mis seguidores. Dejé en claro que este es un regalo: algo que yo proporciono gratuita y amorosamente. De manera que tu responsabilidad es *recibir* este glorioso regalo, confesándome no solamente tu necesidad, sino también tu deseo. Luego, espera expectante en mi presencia, listo para recibir la medida completa de mi paz. Si deseas, puedes expresar tu apertura, diciendo: «Jesús, recibo tu paz».

*Y el mismo Señor de paz os dé siempre paz en
toda manera. El Señor sea con todos vosotros.
—2 Tesalonicenses 3.16*

*Mi Dios, pues, suplirá todo lo que os falta
conforme a sus riquezas en gloria en Cristo.
Jesús. — Filipenses 4.19*

*La paz os dejo, mi paz os doy; yo no os la doy
como el mundo la da. No se turbe vuestro
corazón, ni tenga miedo. —Juan 14.27*

Desde luego que
encontrarás problemas.
Pero contempla a un
Dios de poder que
puede cambiar
cualquier mal en una
puerta de esperanza.

Catherine Marshall

No tenga tu corazón envidia
de los pecadores, antes
persevera en el temor de
Jehová todo el tiempo;
porque ciertamente hay fin,
y tu esperanza no será
cortada.

Proverbios 23.17–18

13

PONME PRIMERO EN TODO LO QUE HAGAS, Y TE guiaré y coronaré tus esfuerzos con éxito. Ponerme primero parece demasiado simple y directo. Pero el mundo, la carne y el diablo luchan contra tus esfuerzos por hacerlo. Puedes justificarte fácilmente al dejar que otras cosas ocupen el espacio y el tiempo que has apartado para mí. Si eso sucede ocasionalmente, solo es parte de tu humanidad. Sin embargo, si observas que se convierte en un patrón en tu vida, ¡cuidado! Es posible que tus prioridades hayan cambiado gradualmente, al punto que ya no soy yo *tu primer amor.*

Darme el primer lugar no es una regla arbitraria; es la manera de vivir vibrante y alegremente cerca de mí. Asimismo, es la manera de vivir con propósito, permitiéndome dirigir tus pasos. Cuando yo soy tu prioridad, las demás cosas caen en su lugar apropiado. Por lo tanto, *deléitate en mí* primero que nada. A medida que *camines en la luz* de mi presencia, te abriré camino y *te concederé los deseos de tu corazón.*

Busca su voluntad en todo lo que hagas, y él te mostrará cuál camino tomar.
—Proverbios 3.6, NTV

Pero tengo contra ti, que has dejado tu primer amor. —Apocalipsis 2.4

Deléitate asimismo en Jehová, y él te concederá las peticiones de tu corazón. —Salmos 37.4

Pero si andamos en luz, como él está en luz, tenemos comunión unos con otros, y la sangre de Jesucristo su Hijo nos limpia de todo pecado.
—1 Juan 1.7

14

CONFÍA EN MÍ MOMENTO A MOMENTO. ES TODO lo que requiero de ti y es suficiente para mantenerte firme en medio de las feroces batallas espirituales. Simplemente sobrevivir cada día es una victoria en tanto que permaneces en comunicación conmigo. Búscame en tus momentos. Mantenerte enfocado en mi presencia es la mejor protección contra la autocompasión y la depresión.

Te estoy llamando a que confíes en mí en la profunda oscuridad. Da un paso a la vez, sosteniéndote de mi mano, para que te ayude y te guíe. Siempre estoy cerca de ti y sé exactamente cómo estás luchando.

Aunque la batalla sea feroz y te sientas débil, tus recursos son ilimitados. Mi Espíritu está siempre listo para ayudarte, solamente tienes que pedir. Recuerda que este Santo ayudador es definitivamente poderoso *e* infinitamente amoroso. Yo también anhelo ayudarte. Clama mi nombre con una confianza certera, porque *mi amor inagotable te rodea.*

*Esperad en él en todo tiempo, oh pueblos;
derramad delante de él vuestro corazón; Dios
es nuestro refugio.* —Salmos 62.8

*Y yo rogaré al Padre, y os dará otro
Consolador, para que esté con vosotros para
siempre: el Espíritu de verdad, al cual el mundo
no puede recibir, porque no le ve, ni le conoce;
pero vosotros le conocéis, porque mora con
vosotros, y estará en vosotros.* —Juan 14.16–17

*Muchos dolores habrá para el impío; mas al
que espera en Jehová, le rodea la misericordia.*
—Salmos 32.10

15

Permite que mis consolaciones alegren tu alma. El mundo te presenta una *multitud de pensamientos,* demasiados para contarlos. Adondequiera que voltees, ves problemas y dificultades. En medio del desastre, búscame para obtener ayuda. Susurra mi nombre: «Jesús», así reactivas tu conciencia de mi presencia. Tu panorama cambia dramáticamente mientras mi presencia viene a la pantalla de tu conciencia, iluminando tu perspectiva del mundo. Mis consuelos pueden calmar tu corazón afligido y alegrar tu alma.

Si el mundo fuera perfecto, nunca experimentarías el gozo de recibir mi consuelo. En lugar de permitir que los problemas te desanimen, utilízalos como recordatorios para buscarme —mi presencia, mi paz, mi amor—. Estas realidades invisibles están disponibles para ti en todo momento, en todo lugar, y pueden proporcionarte el gozo que nadie podrá quitarte. *Por lo tanto, ven a mí cuando estés trabajado y cargado,* yo proveeré *descanso para tu alma.*

En la multitud de mis pensamientos dentro de mí, tus consolaciones alegraban mi alma.
—Salmos 94.19

También vosotros ahora tenéis tristeza; pero os volveré a ver, y se gozará vuestro corazón, y nadie os quitará vuestro gozo. —Juan 16.22

Venid a mí todos los que estáis trabajados y cargados, y yo os haré descansar. Llevad mi yugo sobre vosotros, y aprended de mí, que soy manso y humilde de corazón; y hallaréis descanso para vuestras almas.
—Mateo 11.28–29

16

EN ESTE MUNDO EN QUE HAY CADA VEZ MÁS vigilancia electrónica, puede resultar difícil conseguir privacidad. Los lugares seguros también son escasos. De manera que cuando sientas que estás rodeado de problemas, recuerda esto: *yo soy tu refugio*. Clama a mí y *yo te guardaré de la angustia*. Incluso *te rodearé con cánticos de liberación*.

Una de las mejores maneras de recurrir a mi fuerza es cantarme alabanzas. De hecho, habito en las alabanzas de mi pueblo. Por tanto, cuando los problemas te estén aplastando, libérate adorándome —con cánticos, con gritos e incluso con susurros—. Estas aclamaciones sagradas diezman las tinieblas y hacen que me percibas, lo cual ilumina la atmósfera que te rodea. Los problemas se desvanecen en el fondo, en tanto que estás ocupado adorándome. La conciencia de mi presencia te fortalece y te llena de mi gozo.

Cuando me alabas en un día difícil, tú y yo somos bendecidos. Yo me acerco y te escondo en *lo secreto de mi presencia*.

Líbrame de mis enemigos, oh Jehová; en ti me refugio. —Salmos 143.9

Tú eres mi refugio; me guardarás de la angustia; con cánticos de liberación me rodearás. —Salmos 32.7

Sin embargo, tú eres santo, estás entronizado en las alabanzas de Israel. —Salmos 22.3, NTV

En lo secreto de tu presencia los esconderás de la conspiración del hombre; los pondrás en un tabernáculo a cubierto de contención de lenguas. —Salmos 31.20

17

TE BASTA CON MI GRACIA. ESTA GRACIA *BASTA* para sostenerte en los tiempos más difíciles. ¿Lo crees? Una cosa es creerlo cuando las circunstancias marchan a tu modo. Otra completamente distinta es cuando estás batallando para dar el siguiente paso. No obstante, mi gracia es más preciosa y gloriosa cuando no puedes dar otro paso sin ella. Entonces se convierte en el enfoque brillante de tu vida.

Te invito a beber profundamente de las *abundantes riquezas de mi gracia* —mi favor, mi misericordia y mi bondad—. Este es un regalo gratuito que te abre camino hacia la eternidad. Además te proporciona lo que necesitas para vivir *ahora*, en este mundo fracturado. Por lo tanto, ven libremente a mi presencia y derrama tu corazón sobre mí. No siempre digo sí a tus peticiones, pero *sí* te doy lo que necesitas. Y siempre me entregaré a ti: mi comprensión compasiva, *mi amor inagotable*.

No te avergüences de tus debilidades, ¡jáctate de ellas! A través de ellas estás aprendiendo a depender más de mí, *para que mi poder repose sobre ti*.

Pero él me dijo: «Te basta con mi gracia, pues mi poder se perfecciona en la debilidad.» Por lo tanto, gustosamente haré más bien alarde de mis debilidades, para que permanezca sobre mí el poder de Cristo. —2 Corintios 12.9, NVI

Y juntamente con él nos resucitó, y asimismo nos hizo sentar en los lugares celestiales con Cristo Jesús, para mostrar en los siglos venideros las abundantes riquezas de su gracia en su bondad para con nosotros en Cristo Jesús. —Efesios 2.6–7

Porque los montes se moverán, y los collados temblarán, pero no se apartará de ti mi misericordia, ni el pacto de mi paz se quebrantará, dijo Jehová, el que tiene misericordia de ti. —Isaías 54.10

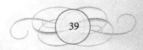

18

¡MANTÉN TUS OJOS EN MÍ! YO ESTOY CONTIGO, cuidándote en la mejor manera posible. Cuando sufres, mi cuidado puede parecer imperfecto e inadecuado. Buscas socorro y yo te hago esperar. Solamente recuerda: hay muchas maneras distintas de esperar, unas son mucho mejores que otras. La expectación beneficiosa supone buscarme continuamente: confiar en mí y amarme.

Agradéceme por este momento de necesidad, cuando debes depender de mí más de lo normal. No pierdas esta oportunidad deseando no tenerla. Confía en que sé lo que estoy haciendo: que puedo sacar un bien de todo aquello con lo que te encuentres, todo lo que soportes. No permitas que tu sufrimiento pasado o presente contamine tu perspectiva del futuro. Yo soy el Señor de tu futuro y tengo cosas buenas esperándote. Solo yo sé las cosas que estoy planeando para ti: *para darte un futuro y una esperanza.*

Bueno es Jehová a los que en él esperan, al alma que le busca. —Lamentaciones 3.25

Pero los que esperan a Jehová tendrán nuevas fuerzas; levantarán alas como las águilas; correrán, y no se cansarán; caminarán, y no se fatigarán. —Isaías 40.31

Y sabemos que a los que aman a Dios, todas las cosas les ayudan a bien, esto es, a los que conforme a su propósito son llamados. —Romanos 8.28

Porque yo sé muy bien los planes que tengo para ustedes —afirma el SEÑOR—, planes de bienestar y no de calamidad, a fin de darles un futuro y una esperanza. —Jeremías 29.11, NVI

La esperanza es una
gracia espiritual
extraordinaria que Dios
nos proporciona para
controlar nuestros
temores, no para
desplazarlos.

Vincent McNabb

No los temáis [a tus enemigos]; porque Jehová vuestro Dios, él es el que pelea por vosotros.

Deuteronomio 3.22

19

PON EN MÍ TU CONFIANZA Y TE MANTENDRÉ A salvo. Hay un muy profundo anhelo en tu corazón por seguridad y confianza. Puedes ocultar esos anhelos con la actividad por un tiempo, pero *solo* durante un tiempo. Esos anhelos en realidad sirven para un propósito muy diferente. Cuando se utilizan adecuadamente, pueden dirigirte hacia mí y mi suficiencia. Yo soy el único que verdadera y finalmente puede mantenerte a salvo.

Cuando comiences a sentirte inseguro —por *cualquier cosa*— ven a mí. Háblame de tus temores y preocupaciones; luego afirma en mí tu confianza. Comunicar en voz alta tu confianza, te conecta conmigo en un nivel profundo. Además, aleja la oscuridad que trae la decepción. El maligno ha estado engañando a la gente desde el comienzo de los tiempos, desde el huerto del Edén. No escuches sus mentiras. Al contrario, pon tu confianza en mí, porque yo soy la Verdad absoluta. A medida que me conozcas a mí —*la Verdad*— cada vez mejor, te liberaré cada vez más.

El temor del hombre pondrá lazo; mas el que confía en Jehová será exaltado.
—Proverbios 29.25

Entonces Jehová Dios dijo a la mujer: ¿Qué es lo que has hecho? Y dijo la mujer: La serpiente me engañó, y comí. —Génesis 3.13

Jesús le dijo: Yo soy el camino, y la verdad, y la vida; nadie viene al Padre, sino por mí.
—Juan 14.6

Y conoceréis la verdad, y la verdad os hará libres. —Juan 8.32

20

Yo soy soberano y soy Dios. Estas son las verdades esenciales acerca de quien soy. Cuando estás batallando con el quebranto de este mundo, puede resultar un desafío creer ambas verdades simultáneamente. Debido a que soy soberano, tengo el control supremo de todo lo que sucede —a ti y a los demás—. Algunas veces es difícil comprender este hecho, especialmente frente a las atrocidades y las catástrofes. En medio de tal matanza, mucha gente concluye que solamente un Dios cruel podría estar supervisando un mundo como este.

Permíteme asegurarte que soy completamente bueno. Soy la luz pura y no hay ni una pizca de oscuridad en mí. Mi bondad absoluta frente a tanta maldad es completamente ajena a tu comprensión. Cuando estés luchando con esos misterios, ven a mí. Exprésate libremente conmigo, confiando en que me interesa y que lo comprendo. Luego, subordina tu mente finita a mi inteligencia infinita y a mis caminos soberanos. Desiste de exigir comprender y descansa en mi presencia compasiva. Sostente en mí con una confianza como de niño, creyendo que *mi camino —aunque misterioso— es perfecto.*

Destruirá a la muerte para siempre; y enjugará Jehová el Señor toda lágrima de todos los rostros; y quitará la afrenta de su pueblo de toda la tierra; porque Jehová lo ha dicho.
—Isaías 25.8

Este es el mensaje que hemos oído de él, y os anunciamos: Dios es luz, y no hay ningunas tinieblas en él. —1 Juan 1.5

En cuanto a Dios, perfecto es su camino, y acrisolada la palabra de Jehová; escudo es a todos los que en él esperan. —Salmos 18.30

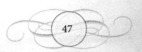

21

CONFIÉSAME TUS PECADOS. NO TEMAS ENFRENTARTE a ti mismo sinceramente, en mi presencia. Bajo esta luz brillante puedes ver muchas cosas que no están a la altura de mi esquema perfecto. Aunque sea incómodo, no intentes escaparte, ni desplazar la culpa. Al contrario, concuerda conmigo en estos asuntos y entrégamelos. Gózate, porque ya he pagado la pena —he recibido todo el castigo— de todos tus pecados. Recibe alegremente el perdón que compré para ti con mi propia sangre.

Cuando te perdono, también *te limpio de toda maldad.* Incluso te visto de mi propia justicia perfecta. A medida que *caminas en la luz* conmigo, hay un trabajo continuo de limpieza en tu interior. Esta obra purificante de mi sangre te ayuda a permanecer cerca de mí y de quienes caminan en mi luz.

Bienaventurados son aquellos que caminan en la luz de mi presencia. Ellos se gozan en mi nombre todo el día, exaltando mi justicia.

Si confesamos nuestros pecados, él es fiel y justo para perdonar nuestros pecados, y limpiarnos de toda maldad. —1 Juan 1.9

En gran manera me gozaré en Jehová, mi alma se alegrará en mi Dios; porque me vistió con vestiduras de salvación, me rodeó de manto de justicia, como a novio me atavió, y como a novia adornada con sus joyas. —Isaías 61.10

Pero si andamos en luz, como él está en luz, tenemos comunión unos con otros, y la sangre de Jesucristo su Hijo nos limpia de todo pecado. —1 Juan 1.7

Bienaventurado el pueblo que sabe aclamarte; andará, oh Jehová, a la luz de tu rostro. En tu nombre se alegrará todo el día, y en tu justicia será enaltecido. —Salmos 89.15–16

22

*Yo TE ENCAMINO POR EL CAMINO DE LA SABIDU-
ría y te hago andar por veredas derechas.* Yo sé
cuan confundido te sientes algunas veces y sé
cuánto anhelas encontrar el camino hacia delante. Has intentado muchas cosas distintas; algunas veces has estado muy ilusionado. No obstante,
tus caminos llenos de esperanza te han llevado a
la desilusión. Deseo que sepas que comprendo
completamente cuán difícil ha sido tu viaje.
También te aseguro que puedo sacar bien de
cada parte de él.

Este es *el camino de la sabiduría*: confiar en
mí sin importar lo que suceda en tu vida. Es a
través de la confianza que me sigues a lo largo
del camino. Hay muchas cosas que parecen ser
fortuitas o equivocadas a medida que avanzas
en tu viaje. No obstante, puedo acomodarlas
todas *para bien* en un *plan* detallado: mi plan
maestro. De manera que no te engañe la manera en que luzcan las cosas en determinado
momento. Estás mirando solo una pequeña
pieza de un panorama amplio. Desde tu perspectiva limitada, tu peregrinaje puede parecer

confuso con giros desconcertantes. Sin embargo, desde mi perspectiva ilimitada, en realidad *te estoy encaminando por veredas derechas.*

Por el camino de la sabiduría te he encaminado, y por veredas derechas te he hecho andar. —Proverbios 4.11

Ahora bien, sabemos que Dios dispone todas las cosas para el bien de quienes lo aman, los que han sido llamados de acuerdo con su propósito. —Romanos 8.28, NVI

De Jehová son los pasos del hombre; ¿Cómo, pues, entenderá el hombre su camino? —Proverbios 20.24

23

Permíteme llenarte de mi gozo y mi paz. Estos fluyen en tu interior cuando te sientas tranquilamente en mi presencia, confiándome las profundidades de tu ser. Estas bendiciones son esenciales para alimentar tu alma. *El gozo del Señor es tu fuerza,* de manera que no rechaces este encantador regalo. Es para todo tiempo y toda circunstancia, aunque algunas veces tengas que buscarlo. También necesitas mi paz en todo tiempo y te la concedo libremente a medida que confíes en mí.

Recuerda que yo soy *el Dios de esperanza.* La esperanza que ofrezco no consiste en expresar deseos. Es absolutamente cierta, aunque se refiera a cosas que no han sido completadas. Es totalmente segura, porque yo mismo la obtuve a través de mi obra consumada en la cruz. Esta esperanza es el fundamento del gozo y la paz que encuentras en mí. No importa cuán dura pueda parecer la vida en este momento, tienes la completa seguridad de que te espera el deleite infinito en el cielo, donde he *preparado un lugar para ti.* Al pensar en esa gloriosa verdad, puedes disfrutar la esperanza que *fluye del poder del Espíritu Santo.*

Y el Dios de esperanza os llene de todo gozo y paz en el creer, para que abundéis en esperanza por el poder del Espíritu Santo.
—Romanos 15.13

Luego [Nehemías] les dijo: Id, comed grosuras, y bebed vino dulce, y enviad porciones a los que no tienen nada preparado; porque día santo es a nuestro Señor; no os entristezcáis, porque el gozo de Jehová es vuestra fuerza.
—Nehemías 8.10

En la casa de mi Padre muchas moradas hay; si así no fuera, yo os lo hubiera dicho; voy, pues, a preparar lugar para vosotros. Y si me fuere y os preparare lugar, vendré otra vez, y os tomaré a mí mismo, para que donde yo estoy, vosotros también estéis. —Juan 14.2–3

La esperanza es una cuerda dorada que te conecta con el cielo. Este vínculo te permite mantener tu cabeza en alto aunque las pruebas te acosen [...] La esperanza levanta tu perspectiva desde tus pies cansados a la gloriosa vista que puedes tener desde lo alto del camino. Te recuerda que el camino por el cual vamos te lleva directamente al cielo.

JESÚS TE LLAMA

Antes bien, como está escrito: Cosas que ojo no vio, ni oído oyó, ni han subido en corazón de hombre, son las que Dios ha preparado para los que le aman.

1 Corintios 2.9

24

Cuando estás pasando por un momento oscuro —un tiempo difícil—, resulta fácil proyectar esa oscuridad hacia el futuro. Entre más tiempo luchas con circunstancias adversas, más oscuro parece ser el camino ante tus ojos, por lo que es más difícil imaginarte caminando de nuevo en sendas radiantes. La tentación es darte por vencido y permitir que eso se convierta en tu compañía. De manera que en tiempos como esos es crucial recordar que *yo soy tu compañero constante*. Además, debido a que soy el Dios soberano, puedo *cambiar las tinieblas en luz.*

Cuando sientas que estás a punto de hundirte en la desesperación, acude a mí por ayuda. Sostente de mi mano y *camina por fe* a través de las tinieblas. No te concentres en las circunstancias que te están ahogando. Continúa caminando conmigo en adoración —un caminar de fe—. A medida que perseveres en esta senda, la luz *irá en aumento hasta que el día sea perfecto.*

El Espíritu de Jehová el Señor está sobre mí, porque me ungió Jehová; me ha enviado a predicar buenas nuevas a los abatidos, a vendar a los quebrantados de corazón, a publicar libertad a los cautivos, y a los presos apertura de la cárcel. —Isaías 61.1

Tú eres mi lámpara, oh Jehová; mi Dios alumbrará mis tinieblas. —2 Samuel 22.29

Porque por fe andamos, no por vista. —2 Corintios 5.7

Mas la senda de los justos es como la luz de la aurora, que va en aumento hasta que el día es perfecto. —Proverbios 4.18

25

MÍRAME A MÍ FIJAMENTE Y A LOS PROBLEMAS dales un vistazo: este es el secreto para vivir victoriosamente. Tiendes a mirar los problemas durante periodos prolongados de tiempo, echándome un vistazo a mí para que te ayude. Eso es natural para alguien con una mente caída que vive en un mundo caído. Sin embargo, yo te he llamado para que vivas *sobrenaturalmente* y te he dado poder para hacerlo. El Espíritu Santo, que vive en todos mis seguidores, te permite vivir más allá de ti mismo: para que trasciendas a tus tendencias naturales.

Pídele a mi Espíritu que te ayude a fijar tu mirada en mí. Invítalo a que te alerte cuando te concentres demasiado en los problemas, de modo que puedas dirigir tu atención hacia mí. Ese es un trabajo duro, porque no solamente es antinatural, sino también contracultural. Además, el maligno y sus demonios intentan distraerte para que no notes mi presencia. Todas esas influencias juntas te presionan en exceso para que les pongas atención a tus problemas, ¡o si no vas a ver! Por lo tanto, necesitas la ayuda de mi Espíritu continuamente. Pídele que te ayude a lidiar con esas dificultades conforme lo necesites, mientras reservas la mayor parte de tu atención para mí, tu compañero constante.

Puestos los ojos en Jesús, el autor y consumador de la fe, el cual por el gozo puesto delante de él sufrió la cruz, menospreciando el oprobio, y se sentó a la diestra del trono de Dios.
—Hebreos 12.2

Y yo rogaré al Padre, y os dará otro Consolador, para que esté con vosotros para siempre: el Espíritu de verdad, al cual el mundo no puede recibir, porque no le ve, ni le conoce; pero vosotros le conocéis, porque mora con vosotros, y estará en vosotros. —Juan 14.16–17

No mirando nosotros las cosas que se ven, sino las que no se ven; pues las cosas que se ven son temporales, pero las que no se ven son eternas.
—2 Corintios 4.18

26

CONFÍA EN MÍ SIEMPRE, PORQUE YO SOY LA roca eterna. Es fácil confiar en mí un tiempo, especialmente cuando las cosas marchan bien contigo. Pero te estoy llamando a que confíes en mí *todo el tiempo,* sin importar lo que esté sucediendo. Yo comprendo cuán difícil es esta tarea y sé que algunas veces fracasarás en esta aventura. Pero continúo amándote perfectamente, aunque no triunfes. Permite que esta garantía de mi amor constante te acerque a mí, a confiar en mí de nuevo.

Aunque tu confianza sea imperfecta e inestable, yo soy *la Roca eterna* —completamente firme e invariable—. ¡Puedes confiar en mí! Cuando tu caminar por este mundo parezca inseguro, recuerda que yo soy tu Roca. Que siempre te proporciono un lugar estable para que te coloques. Que puedo cargar fácilmente todo tu peso, incluso el de tus problemas. Por lo tanto, ven cuando te sientas *cargado* con preocupaciones. Te invito a *apoyarte en mí, confía en mí con todo tu corazón y toda tu mente.*

*Confiad en Jehová perpetuamente, porque en
Jehová el Señor está la fortaleza de los siglos.*
—Isaías 26.4

*Venid a mí todos los que estáis trabajados y
cargados, y yo os haré descansar.*
—Mateo 11.28

*Confía en el Señor con todo tu corazón, no
dependas de tu propio entendimiento.*
—Proverbios 3.5, NTV

27

GÓZATE EN LA ESPERANZA. ALGUNAS VECES, las circunstancias de tu vida (y la condición de este mundo) dificultan alegrarse. Cuando estás buscando gozo, ¿hacia dónde volteas? Uno de los mejores lugares para encontrar gozo verdadero es en la esperanza. Deseo que conozcas *la esperanza a la que te he llamado, las riquezas de mi gloriosa herencia*. Ya que eres coheredero junto conmigo, esta bendición definitivamente es para ti. Cuando las circunstancias presentes te estén aplastando, ¡ásete de la esperanza por la vida! Eso te ayudará no solamente a sobrevivir, sino a prosperar, a vivir con alegría.

En cierta manera, la esperanza es como un globo aerostático. Es muy alegre, por lo que se puede levantar por sobre tus problemas. Te permite planear en los cielos conmigo, ayudándote a ver las cosas desde una perspectiva general aguzada. Para embarcarte en este viaje celestial, debes trepar la canasta que está debajo del globo, confiando completamente en que tu esperanza en mí no te decepcionará. *Cuentas con una esperanza futura, y tu esperanza no será cortada.*

*Gozosos en la esperanza; sufridos en la
tribulación; constantes en la oración.*
—Romanos 12.12

*Pido que el Dios de nuestro Señor Jesucristo, el
Padre glorioso, les dé el Espíritu de sabiduría y
de revelación, para que lo conozcan mejor.
Pido también que les sean iluminados los ojos
del corazón para que sepan a qué esperanza él
los ha llamado, cuál es la riqueza de su gloriosa
herencia entre los santos.* —Efesios 1.17–18, NVI

*Porque ciertamente hay fin, y tu esperanza no
será cortada.* —Proverbios 23.18

28

AUNQUE ANDES EN MEDIO DE LA ANGUSTIA, YO te vivificaré. Así que no permitas que los problemas te intimiden. Recuerda que yo, *el poderoso,* estoy *en medio de ti,* y soy más grande que todos los problemas del mundo. *¡Mi mano derecha te salvará!* Sujétate fuertemente de mi mano y podrás caminar con confianza por los tiempos difíciles.

Yo te permito no solo soportar la adversidad, sino además fortalecerte en ella. Sin embargo, debido a que te encuentras en un viaje arduo, habrá veces en que te sientas débil y frágil. No interpretes esto como un signo de mi desagrado por ti. Esto es simplemente parte de vivir en un mundo caído y manchado. Recuerda que no estás solo: yo estoy contigo, y *tus hermanos en todo el mundo* están experimentando *los mismos padecimientos* que tú. Permanece en comunicación conmigo mientras perseveras en este camino desafiante. Mi presencia viva te vivificará, fortaleciéndote y *bendiciéndote con paz.*

Si anduviere yo en medio de la angustia, tú me vivificarás; contra la ira de mis enemigos extenderás tu mano, y me salvará tu diestra.
—*Salmos 138.7*

Jehová está en medio de ti, poderoso, él salvará; se gozará sobre ti con alegría, callará de amor, se regocijará sobre ti con cánticos.
—*Sofonías 3.17*

Al cual resistid firmes en la fe, sabiendo que los mismos padecimientos se van cumpliendo en vuestros hermanos en todo el mundo.
—*1 Pedro 5.9*

Jehová dará poder a su pueblo; Jehová bendecirá a su pueblo con paz. —*Salmos 29.11*

29

TÚ ESTÁS EN MÍ Y YO ESTOY EN TI. ESTE ES UN profundo misterio. Yo soy el Creador infinito y el Sustentador de todo el universo. Tú eres un ser humano finito y caído. No obstante, tú y yo vivimos no solo uno *con* el otro, sino también uno *dentro* del otro. Tú estás lleno de mi presencia divina. Esta es una unión más profunda y plena que la que puedas encontrar en cualquier relación humana. Ni siquiera las personas que han estado casadas durante muchas décadas pueden conocer todos los pensamientos y sentimientos de su cónyuge. Pero yo sé *todo* de ti: desde tus pensamientos y sentimientos más profundos, hasta los eventos que encontrarás mañana. Para mis hijos, la soledad es solo una ilusión. ¡Todo el mundo está vivo con mi presencia vibrante!

En mí vives, te mueves y eres. Cada paso que das, cada palabra que hablas, cada aliento que respiras, todo es hecho en mi presencia vigilante y abarcadora. ¡Tú estás completamente inmerso en mi ser invisible pero muy real! Entre más consciente de mí estés, más vivo y

completo te sentirás. Tu unión conmigo hace que cada momento de tu vida sea significativo.

En aquel día vosotros conoceréis que yo estoy en mi Padre, y vosotros en mí, y yo en vosotros.
—Juan 14.20

A [sus santos] quienes Dios quiso dar a conocer las riquezas de la gloria de este misterio entre los gentiles; que es Cristo en vosotros, la esperanza de gloria. —Colosenses 1.27

Echarán raíces profundas en el amor [...] que experimenten el amor de Cristo, aun cuando es demasiado grande para comprenderlo todo. Entonces serán completos con toda la plenitud de la vida y el poder que proviene de Dios.
—Efesios 3.17,19, NTV

Porque en él vivimos, y nos movemos, y somos; como algunos de vuestros propios poetas también han dicho: Porque linaje suyo somos.
—Hechos 17.28

30

ECHA SOBRE MÍ TU CARGA Y YO TE SOSTENDRÉ. No importa cuáles sean tus circunstancias, yo puedo llevarte a través de ellas —y lo haré—. Algunas veces estás apesadumbrado por una situación que parece muy pesada para ti. No intentes lidiar solo con esa carga. Al contrario, tráela a mi presencia y échala sobre mí, dejándola bajo mi cuidado y atención. Aunque tus circunstancias no cambien de inmediato, puedes encontrar un alivio real a lo largo de este proceso.

Echar tu carga sobre mí es una transacción espiritual: tú aceptas que yo me encargue de tu vida y que los resultados son finalmente *mi* dominio. Esto aligera inmensamente tu carga, impidiendo que te sientas responsable de las cosas que están fuera de tu control.

Cuando *vengas a mí trabajado y cargado,* yo he prometido que *te haré descansar. Toma mi yugo* —confiando en mi amor inagotable—, y permíteme llevar tu carga pesada. *Porque mi yugo es fácil y ligera mi carga.*

Echa sobre Jehová tu carga, y él te sustentará;
no dejará para siempre caído al justo.
—Salmos 55.22

Venid a mí todos los que estáis trabajados y
cargados, y yo os haré descansar. Llevad mi
yugo sobre vosotros, y aprended de mí, que soy
manso y humilde de corazón; y hallaréis
descanso para vuestras almas; porque mi yugo
es fácil, y ligera mi carga. —Mateo 11.28–30

Mas yo en tu misericordia he confiado; mi
corazón se alegrará en tu salvación.
—Salmos 13.5

El cristianismo es
realista, porque dice
que si no hay verdad
tampoco hay esperanza.

Francis A. Schaeffer

*Mira, Señor, cuánto amo
tus preceptos; conforme a tu
gran amor, dame vida. La
suma de tus palabras es la
verdad; tus rectos juicios
permanecen para siempre.*

Salmos 119.159–160, NVI

31

VEN A MÍ CUANDO ESTÉS HERIDO. EXPRESA TU confianza en mí y busca estar consciente de mi amor que te rodea. Respira en la paz de mi presencia: *paz que sobrepasa todo entendimiento*. Dedica tiempo, tómate un momento conmigo.

Para experimentar el gozo de mi presencia necesitas sentarte tranquilamente, enfocando tus pensamientos en mí. Di *no* a los planes y problemas cuando intenten entrar en tu mente. Dime *sí* a mí, a mi gozo y a mi paz, a mi amor constante.

Vivir cerca de mí es transcendental. Este mundo está lleno de problemas, ¡pero *yo he vencido al mundo!* Y te llamo a trascender a tus problemas buscándome a mí. Afirma tu confianza en mí, diciendo: «Yo confío en ti, Jesús. Tú eres mi esperanza». Oraciones cortas como estas, expresadas casi continuamente, te ayudarán a vivir de manera extraordinaria: *sentado conmigo en los lugares celestiales*. Te estoy instruyendo para que seas un vencedor que no es afectado por las circunstancias.

*Por nada estéis afanosos, sino sean conocidas
vuestras peticiones delante de Dios en toda
oración y ruego, con acción de gracias. Y la paz
de Dios, que sobrepasa todo entendimiento,
guardará vuestros corazones y vuestros
pensamientos en Cristo Jesús.*
—Filipenses 4.6–7

*Estas cosas os he hablado para que en mí
tengáis paz. En el mundo tendréis aflicción;
pero confiad, yo he vencido al mundo.*
—Juan 16.33

*Y juntamente con él nos resucitó, y asimismo
nos hizo sentar en los lugares celestiales con
Cristo Jesús.* —Efesios 2.6

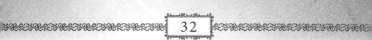

32

YO SIEMPRE TE GUÍO AL *FRENTE*. CUANDO estás pasando por tiempos difíciles tiendes a mirar hacia atrás anhelando las temporadas en que tu vida parecía más fácil, menos complicada. Fantaseas con esos tiempos más sencillos, mirándolos con lentes color de rosa. Incluso tus oraciones reflejan el anhelo de regresar a las circunstancias pasadas que fueron más fáciles. ¡Pero ese no es el camino que tengo para ti!

Debido a la naturaleza del tiempo, solamente hay una dirección por la cual viajar y es *hacia delante*. Tu vida en la tierra es un viaje, comenzando en el nacimiento y terminando en las puertas del cielo. Yo soy tu guía y tu responsabilidad es seguirme a donde te dirija. Algunas veces te llevo a lugares a los que preferirías no ir, pero esa es mi prerrogativa como tu Dios Salvador. Yo siempre te dirijo por el mejor camino posible, sin importar cuán doloroso o confuso pueda parecer. Cuando tu camino te lleve por un valle oscuro y estés batallando, búscame para obtener ayuda. Sígueme obedientemente, confiando en mí en medio de la oscuridad y la confusión. Yo te presento con ternura cada paso de tu camino. Mientras permaneces cerca de mí, te muestro el camino hacia delante. Poco a poco, *yo cambio las tinieblas en luz.*

Esto dijo, dando a entender con qué muerte había de glorificar a Dios. Y dicho esto, añadió: Sígueme. —Juan 21.19

Jehová es mi pastor; nada me faltará [...] Aunque ande en valle de sombra de muerte, no temeré mal alguno, porque tú estarás conmigo; tu vara y tu cayado me infundirán aliento. —Salmos 23.1,4

Tú encenderás mi lámpara; Jehová mi Dios alumbrará mis tinieblas. —Salmos 18.28

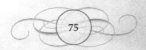

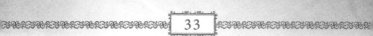

33

*YO PELEARÉ POR TI; TÚ SOLAMENTE NECESITAS
permanecer quieto*. Sé cuan cansado estás, hijo
mío. Has estado luchando por mantener tu
cabeza sobre el agua y tu fuerza se está agotan-
do. Ahora es tiempo de que dejes de esforzarte
y dejes que yo pelee por ti. Sé que no te es fácil
hacerlo. Sientes como si debieras continuar
luchando por sobrevivir; pero yo te estoy llamado a descansar en mí. Yo estoy trabajando
por ti; de manera que *está quieto y conoce que
yo soy Dios*.

Aquietar tu cuerpo te es de alguna manera
difícil, pero tranquilizar tu mente con frecuencia puede parecer completamente imposible.
En tu esfuerzo por sentirte seguro, has confiado demasiado en tu propia inteligencia. Esta
batalla por tener el control ha elevado tu mente
a una posición de autonomía. Por lo tanto,
necesitas la intervención del Espíritu Santo.
Pídele que *controle tu mente* cada vez más,
tranquilizándote desde adentro hacia fuera.
Toma tiempo para *descansar bajo la sombra del
Omnipotente*, mientras yo peleo por ti.

Jehová peleará por vosotros, y vosotros estaréis tranquilos. —Éxodo 14.14

Estad quietos, y conoced que yo soy Dios; seré exaltado entre las naciones; enaltecido seré en la tierra. —Salmos 46.10

Porque el ocuparse de la carne es muerte, pero el ocuparse del Espíritu es vida y paz. —Romanos 8.6

El que habita al abrigo del Altísimo morará bajo la sombra del Omnipotente. —Salmos 91.1

34

LA ESPERANZA CRISTIANA ESTÁ FUERTEMENTE ligada a mi presencia, la cual está contigo ahora y durante la eternidad. De manera que entre más consciente estés de mi presencia, más esperanzado te sentirás. Aunque creas que yo *estoy contigo siempre,* puede haber veces en que te sientas distante de mí. Eso disminuye tu esperanza.

No dudes en pedirme ayuda. Por ejemplo, simplemente puedes orar: «Jesús, mantenme consciente de ti». Esta oración es tan breve y simple que la puedes usar tan frecuentemente como lo necesites. Algunas veces caminas con dificultad durante el día, sintiéndote vacío y solo. Pero en esas ocasiones te digo esto: «*No tienes porque no pides*».

Esperar en mí es la manera más realista de vivir, por causa de quien yo soy. Ya que soy el Creador y Sustentador del universo, nada puede desbaratar mis promesas. Cuando te admires por lo grande, glorioso y confiable que soy, tus alabanzas te llenarán de esperanza y con una rica conciencia de mi presencia.

¿Por qué voy a inquietarme? ¿Por qué me voy a angustiar? En Dios pondré mi esperanza y todavía lo alabaré. ¡Él es mi Salvador y mi Dios!—Salmos 42.5, NVI

Por tanto, id, y haced discípulos a todas las naciones [...] enseñándoles que guarden todas las cosas que os he mandado; y he aquí yo estoy con vosotros todos los días, hasta el fin del mundo. —Mateo 28.19–20

Codiciáis, y no tenéis; matáis y ardéis de envidia, y no podéis alcanzar; combatís y lucháis, pero no tenéis lo que deseáis, porque no pedís. —Santiago 4.2

35

AUNQUE AFLIJA, TAMBIÉN ME COMPADEZCO. No te desesperes cuando lleguen a ti los tiempos difíciles, no intentes escapar de ellos precipitadamente. ¡El tiempo perfecto es mi prerrogativa! *Todo tiene su tiempo y todo lo que se quiere debajo del cielo tiene su hora.* El dolor es una temporada y yo lo utilizo para tu bien.

A diferencia de las cuatro estaciones del año, las temporadas de tu vida no tienen un orden, ni son predecibles. Cuando estás afligido, es posible que sientas como si el dolor te fuera a acompañar el resto de tus días. Pero recuerda que yo he prometido mostrar compasión. *¡Así de grande es mi amor inagotable por ti!*

Cuando estés sufriendo, busca las señales de mi presencia misericordiosa. Incluso durante los días más oscuros, los rayos de luz atravesarán las nubes negras, proporcionando esperanza y consuelo. Mi amor inagotable siempre brilla sobre ti. Mira hacia mí y observa mi rostro que brilla hacia ti. A mí nunca se me acaba la misericordia. Estas *se renuevan cada mañana.*

Antes si aflige, también se compadece según la multitud de sus misericordias.
—Lamentaciones 3.32

Todo tiene su tiempo, y todo lo que se quiere debajo del cielo tiene su hora. —Eclesiastés 3.1

Jehová haga resplandecer su rostro sobre ti, y tenga de ti misericordia. —Números 6.25

Por la misericordia de Jehová no hemos sido consumidos, porque nunca decayeron sus misericordias. Nuevas son cada mañana; grande es tu fidelidad. Mi porción es Jehová, dijo mi alma; por tanto, en él esperaré.
—Lamentaciones 3.22–24

36

¡YO ESTOY *EN MEDIO DE TI* Y SOY PODEROSO! Tal como el sol está en el centro del sistema solar, yo estoy en el centro de todo tu ser: físico, emocional y espiritual. ¡Yo, *el Poderoso* que creó el universo, vivo *dentro* de ti! Permite que esta asombrosa verdad reverbere en tu mente y empape lo más profundo de tu ser.

Reflexiona lo que significa tener tanto poder en tu interior. Una conclusión es que no necesitas preocuparte por tu falta de fuerza. De hecho, mi poder *es más eficaz en tu debilidad*.

¡Recuérdate frecuentemente que vivo dentro de ti y que soy poderoso! Permite que tu conciencia de mi presencia que habita en tu interior eche fuera todo desánimo y te llene de *gran gozo*. A medida que mi vida fluye en la tuya, eres fortalecido con poder divino.

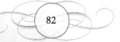

Jehová está en medio de ti, poderoso, él salvará;
se gozará sobre ti con alegría, callará de amor,
se regocijará sobre ti con cánticos.
—Sofonías 3.17

Cada vez él me dijo: «Mi gracia es todo lo que
necesitas; mi poder actúa mejor en la
debilidad». Así que ahora me alegra jactarme
de mis debilidades, para que el poder de Cristo
pueda actuar a través de mí.
—2 Corintios 12.9, NTV

Y a aquel que es poderoso para guardaros sin
caída, y presentaros sin mancha delante de su
gloria con gran alegría. —Judas 1.24

Ninguna otra religión,
ninguna otra, promete
cuerpos, corazones y
mentes nuevos.
Solamente el evangelio
de Cristo hace que los
heridos encuentren una
esperanza tan increíble.

Joni Eareckson Tada

Enjugará Dios toda lágrima de los ojos de ellos; y ya no habrá muerte, ni habrá más llanto, ni clamor, ni dolor; porque las primeras cosas pasaron. Y el que estaba sentado en el trono dijo: He aquí, yo hago nuevas todas las cosas.

Apocalipsis 21.4–5

37

YO TE CORONO DE FAVORES Y MISERICORDIAS. Tú necesitas de estas bendiciones en vastas cantidades y yo me deleito en proporcionártelas. Tu trabajo es abrirme tu corazón completamente, aceptando —ante ti y ante mí— cuán necesitado estás. Mucha gente teme enfrentar su necesidad, porque dudan que alguien les provea alguna vez lo que les hace falta. Humanamente hablando, eso es verdad. Pero yo tengo reservas infinitas de bendiciones para mis hijos. Además, mi bondad amorosa es un regalo eterno, porque *con amor eterno te he amado.* ¡Estoy comprometido contigo!

Todos mis hijos necesitan misericordia —un trato compasivo— y tú no eres la excepción. Por lo tanto, ven a mí cuando te sientas débil y vulnerable. *Derrama ante mí tu corazón* y descansa en mi presencia. Recuerda que eres realeza redimida, comprado con mi propia sangre. Quédate quieto —con dignidad y confianza—, mientras *te corono de favores y misericordias.*

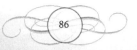

Bendice, alma mía, a Jehová, y bendiga todo mi ser su santo nombre. Bendice, alma mía, a Jehová, y no olvides ninguno de sus beneficios. El es quien perdona todas tus iniquidades, el que sana todas tus dolencias; el que rescata del hoyo tu vida, el que te corona de favores y misericordias. —Salmos 103.1–4

Jehová se manifestó a mí hace ya mucho tiempo, diciendo: Con amor eterno te he amado; por tanto, te prolongué mi misericordia. —Jeremías 31.3

Esperad en él en todo tiempo, oh pueblos; derramad delante de él vuestro corazón; Dios es nuestro refugio. —Salmos 62.8

38

Tú me perteneces. Yo te he escogido y *lla-mado de las tinieblas a mi luz admirable.* El hecho de que me pertenezcas —ahora y para siempre— le proporciona un fundamento firme a tu vida. Esta conexión conmigo puede protegerte de ser descartado o de ir a la deriva en tu mundo que cambia constantemente. Muchos se unen con personas heridas o con cosas dañinas, porque anhelan escapar de su soledad. Pero tú *nunca* estás solo, porque eres mío. Yo te escogí *desde antes de la fundación del mundo,* y eres un miembro permanente de mi familia real.

Antes de confiar en mí como Salvador solías caminar en oscuridad espiritual. Yo te saqué personalmente de esas tinieblas a la luz, para que pudieras *proclamar mis alabanzas.* Este es un privilegio encantador y una responsabilidad. Yo te he confiado la tarea de contarles a los demás acerca de mis cualidades asombrosas. Para llevar a cabo esta misión con efectividad, necesitas ahondar en las riquezas de lo que yo soy, estudiando mi Palabra. También necesitas *deleitarte en mí.* Luego, el gozo de mi presencia brillará en tu rostro al decirles a los demás acerca de mí.

Mas vosotros sois linaje escogido, real sacerdocio, nación santa, pueblo adquirido por Dios, para que anunciéis las virtudes de aquel que os llamó de las tinieblas a su luz admirable. —1 Pedro 2.9

Bendito sea el Dios y Padre de nuestro Señor Jesucristo, que nos bendijo con toda bendición espiritual en los lugares celestiales en Cristo, según nos escogió en él antes de la fundación del mundo, para que fuésemos santos y sin mancha delante de él. —Efesios 1.3–4

Deléitate asimismo en Jehová, y él te concederá las peticiones de tu corazón. —Salmos 37.4

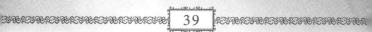
ESFUÉRZATE Y SÉ VALIENTE. NO TE DESANIMES, porque yo estoy contigo dondequiera que andes. Puedes elegir ser fuerte y valiente incluso cuando te sientas demasiado débil. Sin embargo, entre más débil te sientas, más esfuerzo necesitas para *elegir* ser fuerte. Todo depende de hacia dónde mires. Si te miras a ti mismo y tus problemas, tu valentía se desvanecerá. La elección de ser audaz yace en tu confianza de que yo estoy *con*tigo y *por* ti. A través de los ojos de la fe, mírame en el camino delante de ti, que te atraigo un paso a la vez. Buscarme congruentemente incrementará tu fuerza y tu valor.

Cuando todo parezca estar marchando mal, rechaza ser desanimado. Recuerda que soy un Dios de sorpresas: no estoy limitado a la manera en que son las cosas o a las insignificantes posibilidades que puedas ver. Soy infinitamente creativo y poderoso. *¡Conmigo, todas las cosas son posibles!* Entre más esperes para que tus oraciones sean respondidas, más cerca estarás de un avance. Mientras tanto, esperar por mí —consciente de mi presencia amorosa— es una manera bendecida de vivir. *Yo soy bueno con aquellos que esperan por mí.*

Mira que te mando que te esfuerces y seas valiente; no temas ni desmayes, porque Jehová tu Dios estará contigo en dondequiera que vayas. —Josué 1.9

Y mirándolos Jesús, les dijo: Para los hombres esto es imposible; mas para Dios todo es posible. —Mateo 19.26

Bueno es Jehová a los que en él esperan, al alma que le busca. Bueno es esperar en silencio la salvación de Jehová.
—Lamentaciones 3.25–26

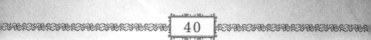

40

HUMÍLLATE BAJO MI PODEROSA MANO. TÚ ESTÁS completamente consciente de mi mano poderosa que está obrando en las experiencias de tu vida. Algunas veces te sientes ahogado por mi voluntad soberana, atrapado en circunstancias que no puedes cambiar. En esas ocasiones, la tentación es impacientarte conmigo y mis caminos. Pero eso solamente te frustrará más y tus sentimientos negativos te apagarán. Tu impaciencia también te alejará de mí.

Cuando te estés sintiendo ahogado por las circunstancias, cambia tu perspectiva mirándome. Ármate de valor para decir: «Señor, me humillo bajo tu mano poderosa». Sométete a mí y a mis caminos, aunque desees liberarte. Eso evita que luches contra mí, el Creador y Sustentador del universo. En lugar de involucrarte en esta batalla que no puedes ganar, utiliza tu energía para lidiar con la situación y aprender de ella. Confía en que yo *te levantaré* —aliviaré tu sufrimiento— en mi tiempo perfecto y sabiamente designado.

Humillaos, pues, bajo la poderosa mano de Dios, para que él os exalte cuando fuere tiempo. —1 Pedro 5.6

Oh hombre, él te ha declarado lo que es bueno, y qué pide Jehová de ti: solamente hacer justicia, y amar misericordia, y humillarte ante tu Dios. —Miqueas 6.8

Pero él [Dios] da mayor gracia. Por esto dice: Dios resiste a los soberbios, y da gracia a los humildes. [...] Humillaos delante del Señor, y él os exaltará. —Santiago 4.6, 10

41

Tu vida puede ser buena aunque muchas cosas no marchen como te gustaría. Anhelas sentir que tienes más control de tu vida, pero ese no es mi camino para ti. Yo deseo que aprendas a relajarte más en mi soberanía, recibiendo cada día como un buen regalo de mi parte, sin importar lo que contenga. Recuerda que no eres responsable de las cosas que están fuera de tu control. Acepta las limitaciones de una persona finita y continúa volviéndote hacia mí. *Está quieto y conoce que yo soy Dios.* La conciencia de mi rostro que brilla sobre ti puede infundir gozo en el día más difícil.

Permíteme guiarte paso a paso a lo largo de este día. Porque tú eres mi seguidor, vives en medio de batallas espirituales feroces. Incluso tu día más rutinario pronto tendrá algunas batallas espirituales menores. Así que *ponte alerta* a medida que me sigas en el camino de tu vida. Utiliza tu *escudo de la fe para apagar los dardos de fuego del maligno*. Reconoce y rechaza las mentiras demoniacas que te atacan día y noche. Descansa en la verdad de lo que eres realmente: mi amado hijo, en quien me complazco.

«¡Quédense quietos y sepan que yo soy Dios! Toda nación me honrará. Seré honrado en el mundo entero». —Salmos 46.10, NTV

Jehová haga resplandecer su rostro sobre ti, y tenga de ti misericordia. —Números 6.25

Practiquen el dominio propio y manténganse alerta. Su enemigo el diablo ronda como león rugiente, buscando a quién devorar.
—1 Pedro 5.8, NVI

Sobre todo, tomad el escudo de la fe, con que podáis apagar todos los dardos de fuego del maligno. —Efesios 6.16

42

Cuando te sientas agobiado por las circunstancias, dedica tiempo para escucharme. Escúchame decirte: «¡Ten ánimo! *Yo soy. No temas*».

Escucharme cuando te sientes estresado requiere de disciplina y confianza. El frenesí de tus ideas dificulta escuchar mi *silbo apacible y delicado*. Pídele al Espíritu Santo que tranquilice tu mente para que puedas escuchar mi voz. Recuerda que yo —el *Príncipe de paz*— estoy contigo en todo tiempo.

No solamente estoy contigo, también estoy en tus circunstancias. Además, tengo el control de todo lo que te sucede. Aunque no soy el autor del mal, soy completamente capaz de usar las cosas malas para bien. Eso no quita el sufrimiento, pero *sí* lo redime, infundiéndole significado. Por tanto, si te encuentras en una tormenta de dificultades, te digo: «*Ten ánimo. Soy yo*». Busca señales de mi presencia permanente en tu situación actual. *Me buscarás y me hallarás, cuando me busques de todo tu corazón.*

Pero en seguida Jesús les habló, diciendo:
¡Tened ánimo; yo soy, no temáis! —Mateo 14.27

Y tras el terremoto un fuego; pero Jehová no
estaba en el fuego. Y tras el fuego un silbo
apacible y delicado. —1 Reyes 19.12

Porque un niño nos es nacido, hijo nos es dado,
y el principado sobre su hombro; y se llamará
su nombre Admirable, Consejero, Dios Fuerte,
Padre Eterno, Príncipe de Paz. —Isaías 9.6

Y me buscaréis y me hallaréis, porque me
buscaréis de todo vuestro corazón.
—Jeremías 29.13

La esperanza es la fe
que extiende su mano
en la oscuridad.

George Iles

Por lo tanto, los que hemos acudido a él en busca de refugio podemos estar bien confiados aferrándonos a la esperanza que está delante de nosotros. Esta esperanza es un ancla firme y confiable para el alma; nos conduce a través de la cortina al santuario interior de Dios.

Hebreos 6.18–19, NTV

43

TEN CUIDADO DE SENTIRTE CON DERECHO A mis buenas dádivas. Recibe con agradecimiento las bendiciones que te doy; no obstante, ten la disposición de devolvérmelas, sin sentir resentimiento.

Cuando has perdido algo precioso (tu empleo, tu casa, tu salud, a un ser amado), es posible que pienses que es ilógico tener gozo. Pero esa es la manera en que piensa el mundo. Las mayores pérdidas son muy dolorosas, necesitas dolerte por ellas. Sin embargo, con el tiempo y con esfuerzo, puedes aprender a concentrarte en las cosas buenas que permanecen, y encontrar gozo en aquel que *jamás te abandonará*.

Recuerda que es posible estar *entristecido, mas siempre gozoso*. El apóstol Pablo aprendió el secreto de estar gozoso en toda situación a través de la experiencia de múltiples adversidades. El Espíritu Santo le dio poder a Pablo para hallar gozo en medio de la adversidad, y él puede hacer lo mismo por ti. No obstante, debes estar dispuesto a soltar aquello que yo te quite, sin importar cuan dolorosa sea la pérdida.

Luego, dirige tu atención completamente hacia mí, confiando en que yo nunca *te* soltaré.

Esforzaos y cobrad ánimo; no temáis, ni tengáis miedo de ellos, porque Jehová tu Dios es el que va contigo; no te dejará, ni te desamparará.
—Deuteronomio 31.6

Antes bien, nos recomendamos en todo como ministros de Dios [...] como entristecidos, mas siempre gozosos; como pobres, mas enriqueciendo a muchos; como no teniendo nada, mas poseyéndolo todo.
—2 Corintios 6.4, 10

Con todo, yo siempre estuve contigo; me tomaste de la mano derecha. Me has guiado según tu consejo, y después me recibirás en gloria. —Salmos 73.23–24

44

AMADO, *REPOSA SOLAMENTE EN MÍ. TU ESPERANZA viene de mí.*

El descanso y la esperanza hacen una maravillosa combinación y puedes encontrar bastante de ambos en mí. Algunas personas buscan la mejor cama o almohada —incluso somníferos— en su búsqueda del sueño profundo, pero solamente *yo* puedo proporcionarte lo que necesitas. Cuando descansas confiadamente en mi presencia, no solamente te refresco, te lleno de esperanza.

La esperanza puede marcar la diferencia entre la vida y la muerte. Es mucho menos probable que los prisioneros de guerra que dejan de esperar sobrevivan. Lo mismo sucede con las personas que están batallando con enfermedades que ponen en riesgo su vida. Por lo tanto, es importante nutrir bien tu preciosa esperanza. Además, es vital colocar tu esperanza básicamente en *mí*. Las circunstancias cambian todo el tiempo, pero yo soy *el mismo ayer, hoy y por los siglos.* Además, te amo con un amor perfecto y vivificante. *Mi amor reposa sobre ti cuando pones tu esperanza en mí.*

Alma mía, en Dios solamente reposa, porque de él es mi esperanza. El solamente es mi roca y mi salvación. Es mi refugio, no resbalaré.
—Salmos 62.5–6

El amado de Jehová habitará confiado cerca de él; lo cubrirá siempre, y entre sus hombros morará. —Deuteronomio 33.12

Jesucristo es el mismo ayer, y hoy, y por los siglos. —Hebreos 13.8

Sea tu misericordia, oh Jehová, sobre nosotros, según esperamos en ti. —Salmos 33.22

45

ESTOY CUIDÁNDOTE CONTINUAMENTE. No importa lo que estés experimentando o cuan solo te sientas, confía en que estoy contigo; soy completamente consciente de tus circunstancias. Cuando estás en la agonía de la adversidad, es fácil sentirte abandonado. Por lo tanto, es crucial que en esos momentos te digas la verdad: *nada* puede separarte de mi amorosa presencia. Cuando esta verdad se haya sumergido completamente en tu mente y tu corazón, estarás listo para tener comunión conmigo. Me encontrarás tiernamente presente contigo a medida que entre en tu sufrimiento. La intimidad que compartes conmigo es mejorada por la adversidad cuando me invitas a tu experiencia, sin amargura ni resentimiento.

Para disfrutar estos momentos de intimidad conmigo debes confiar en mí, negándote a *confiar en tu propia prudencia*. Confiar en mí significa apoyarte conscientemente en mí para que te sostenga, tal como apoyarte en una roca sólida ayuda a mantenerte de pie cuando estás débil. Yo ciertamente soy *la roca de tu refugio*.

Gózate en aquel que te sostiene tan fuertemente y te ama tan tiernamente.

Por lo cual estoy seguro de que ni la muerte, ni la vida, ni ángeles, ni principados, ni potestades, ni lo presente, ni lo por venir, ni lo alto, ni lo profundo, ni ninguna otra cosa creada nos podrá separar del amor de Dios, que es en Cristo Jesús Señor nuestro.
—Romanos 8.38–39

Confía en el Señor de todo corazón, y no en tu propia inteligencia. —Proverbios 3.5, NVI

Mas Jehová me ha sido por refugio, y mi Dios por roca de mi confianza. —Salmos 94.22

46

*PERMITE QUE MI PAZ GOBIERNE TU CORAZÓN Y
sé agradecido.* Yo te he llamado a una vida de
paz y agradecimiento. Ambos están relaciona-
dos estrechamente. Entre más agradecido estés,
mejor podrás recibir mi paz. Y viceversa, entre
más paz tengas, más fácil te será ser agradecido.
Tu calma te ayuda a pensar claramente y a
reconocer las diversas bendiciones que hago
llover sobre ti. Este agradecimiento calmado es
independiente de las circunstancias; fluye de tu
confianza en que yo siempre hago lo mejor,
incluso cuando no puedas comprender mis
caminos.

Mi paz puede funcionar como un árbitro,
en tu corazón, que resuelve las preguntas y las
dudas que surgen en tus pensamientos. Cuando comiences a sentirte ansioso, utiliza esos
sentimientos como un recordatorio para comunicarte conmigo. Habla conmigo cuando algo
te esté perturbando. Tráeme todas tus peticiones *con acción de gracias.* Debido a que eres
mío —unido íntimamente a mí—, yo guardo tu
corazón y tu mente personalmente con mi paz.

Recuerda que esta es una paz sobrenatural *que sobrepasa todo entendimiento.*

Y la paz de Dios gobierne en vuestros corazones, a la que asimismo fuisteis llamados en un solo cuerpo; y sed agradecidos.
—Colosenses 3.15

En cuanto a Dios, perfecto es su camino, y acrisolada la palabra de Jehová; escudo es a todos los que en él esperan. —Salmos 18.30

Por nada estéis afanosos, sino sean conocidas vuestras peticiones delante de Dios en toda oración y ruego, con acción de gracias. Y la paz de Dios, que sobrepasa todo entendimiento, guardará vuestros corazones y vuestros pensamientos en Cristo Jesús. —Filipenses 4.6–7

47

CUANDO ME BUSQUES, ME HALLARÁS. MI PROMESA de que *estaré contigo siempre* te asegura que no tendrás que enfrentar nada solo. Esta promesa es para todos aquellos que han confiado en mí como Salvador. Sin embargo, para recoger los beneficios de esta asombrosa bendición, debes buscarme en medio de tus momentos de dificultad. Esto luce como algo fácil, pero va contra la fibra del mundo, la carne y el diablo.

El maligno usa las tres D para evitar que me encuentres: distracciones, decepción y desánimo. En el mundo abundan cosas que te distraen de mí, así que no te molestes cuando te des cuenta de que tu mente ha estado vagando. Solo regresa a mí con una sonrisa y susurra mi nombre con satisfacción amorosa. La decepción es una de las tácticas favoritas de Satanás, desde el tiempo de Adán y Eva hasta ahora. La mejor defensa contra los engaños del diablo es estudiar y absorber mi Palabra. El desánimo toca a la puerta de todo corazón humano a veces, pero tú puedes prohibirle el paso. Al resistir estas tácticas taimadas y buscarme, *me hallarás.*

Y éste salió al encuentro de Asá y le dijo: «Asá,
y gente de Judá y de Benjamín, ¡escúchenme! El
Señor estará con ustedes, siempre y cuando
ustedes estén con él. Si lo buscan, él dejará que
ustedes lo hallen; pero si lo abandonan, él los
abandonará». —2 Crónicas 15.2, nvi

Por tanto, id, y haced discípulos a todas las
naciones, bautizándolos en el nombre del
Padre, y del Hijo, y del Espíritu Santo;
enseñándoles que guarden todas las cosas que
os he mandado; y he aquí yo estoy con vosotros
todos los días, hasta el fin del mundo.
—Mateo 28.19–20

Entonces Jehová Dios dijo a la mujer: ¿Qué es
lo que has hecho? Y dijo la mujer: La serpiente
me engañó, y comí. —Génesis 3.13

48

La esperanza es el ancla del alma —segura y firme—. Un barco en aguas turbulentas necesita echar el ancla en un lugar seguro. En un clima tormentoso, un barco grande posiblemente no pueda entrar en la seguridad del puerto, porque las olas violentas lo golpean. De manera que puede utilizarse un barco pequeño para llevar el ancla del barco por los cachones, hacia el puerto. Cuando el ancla es echada ahí, el barco está seguro, aunque continúe en aguas embravecidas.

Esta es la imagen de la forma en que mi amor guarda tu alma —tu parte eterna— segura y a salvo en medio de las tormentas de la vida. Para ser efectiva, tu esperanza debe encontrarse sólidamente en mí, el Dios Salvador que murió para pagar la pena de tus pecados. Luego de ser crucificado, mi resurrección milagrosa me dio poder para ser tu *esperanza viva*. De hecho, yo estoy más abundantemente vivo de lo que puedas imaginarte. Cuando tu esperanza está conectada a mí, compartes mi vibrante vida eterna. ¡Un día tendrás un cuerpo glorificado como el mío!

Mientras tanto, asegúrate de que el ancla de tu esperanza se mantenga segura, incluso en las tormentas más violentas de la vida.

La cual tenemos como segura y firme ancla del alma, y que penetra hasta dentro del velo, donde Jesús entró por nosotros como precursor, hecho sumo sacerdote para siempre según el orden de Melquisedec. —Hebreos 6.19–20

Bendito el Dios y Padre de nuestro Señor Jesucristo, que según su grande misericordia nos hizo renacer para una esperanza viva, por la resurrección de Jesucristo de los muertos. —1 Pedro 1.3

Mantengamos firme, sin fluctuar, la profesión de nuestra esperanza, porque fiel es el que prometió. —Hebreos 10.23

Aunque nuestra situación parezca imposible, nuestro trabajo es «esperar en Dios». Nuestra esperanza no será en vano y, en el tiempo preciso del Señor, vendrá la ayuda.

George Mueller

¿Por qué voy a inquietarme?
¿Por qué me voy a
angustiar? En Dios pondré
mi esperanza y todavía lo
alabaré. ¡Él es mi Salvador y
mi Dios!

Salmos 42.5, NVI

49

Yo vine a tu vida para *hacerte libre.*
Entre más cerca vivas de mí, más libre puedes
ser. Al pasar tiempo a solas conmigo, tu conciencia de mi presencia permanente se hace
más profunda y fuerte. Hay *sanidad en mis alas*
—en la intimidad de la cercanía conmigo—. El
bálsamo de mi Espíritu mejora el proceso de
sanidad. En mi santa luz puedes ver las cosas
desde una nueva perspectiva que te libera de las
antiguas maneras inútiles de pensar. Cuando te
desprendes del bagaje de tu pasado, te liberas
cada vez más.

Yo te libero a través de la verdad —acerca
de quien soy y de lo que he hecho por ti—. Además te ayudo a enfrentar la verdad acerca de ti
mismo y de la gente que te rodea. Si te involu-
cras en relaciones hirientes, yo te ayudaré a
cambiarlas o a liberarte de ellas. Si estás atrapado en adicciones, te ayudaré a dar el primer
paso hacia la libertad, la confesión sincera de la
verdad. En cada situación, *la verdad te hará
libre.*

Y conoceréis la verdad, y la verdad os hará libres. —Juan 8.32

¡Cuán grande es tu bondad, que has guardado para los que te temen, que has mostrado a los que esperan en ti, delante de los hijos de los hombres! En lo secreto de tu presencia los esconderás de la conspiración del hombre; los pondrás en un tabernáculo a cubierto de contención de lenguas. —Salmos 31.19–20

Mas a vosotros los que teméis mi nombre, nacerá el Sol de justicia, y en sus alas traerá salvación; y saldréis, y saltaréis como becerros de la manada. —Malaquías 4.2

Por lo tanto, ya no hay condenación para los que pertenecen a Cristo Jesús; y porque ustedes pertenecen a él, el poder del Espíritu que da vida los ha libertado del poder del pecado, que lleva a la muerte. —Romanos 8.1–2, NTV

50

EL CORAZÓN ALEGRE ES BUENA MEDICINA. TIENES muchas razones para estar alegre, porque *yo he vencido al mundo. Lo he conquistado y lo he desprovisto de poder para dañarte* a través de mi victoria en la cruz. Además, nada de lo que encuentres en el camino de la vida *te podrá separar de mi amor.* Al ponderar estas gloriosas verdades acerca de todo lo que he hecho por ti, permite *que el buen ánimo* llene tu corazón e irradie de tu rostro.

Un corazón alegre mejorará tu salud espiritual, emocional y física. Por lo tanto, llena tu mente de pensamientos de agradecimiento hasta que tu corazón desborde de gozo. Dedica tiempo para alabarme por todo lo que soy: aquel de quien fluyen todas las bendiciones. Permíteme llenarte con mi luz y mi vida, porque yo te diseñé para estar lleno de cosas divinas. Cuando estos nutrientes divinos empapen las profundidades de tu ser, te fortalecerán y mejorarán tu salud. *¡Ten ánimo!*

El corazón alegre constituye buen remedio; mas el espíritu triste seca los huesos.
—Proverbios 17.22

Yo les he dicho estas cosas para que en mí hallen paz. En este mundo afrontarán aflicciones, pero ¡anímense! Yo he vencido al mundo. —Juan 16.33, NVI

Ni lo alto, ni lo profundo, ni ninguna otra cosa creada nos podrá separar del amor de Dios, que es en Cristo Jesús Señor nuestro.
—Romanos 8.39

51

YO SOY BUENO Y PARA SIEMPRE ES MI MISERICORDIA. Por lo tanto alaba y bendice mi nombre. El hecho de que yo sea bueno es vitalmente importante para tu bienestar. Si hubiera siquiera una mancha de maldad en mí, estarías en problemas. Mi absoluta bondad garantiza que siempre haré lo que es mejor. Debes aceptar eso como una afirmación de fe, porque vives en un planeta profundamente caído. De manera que para ti es esencial *caminar por fe y no por vista,* mientras viajas por el desierto de este mundo.

Una de las mejores maneras de encontrar fuerza para tu viaje es darme las gracias y alabarme. La acción de gracias y la alabanza llevan tu perspectiva de las preocupaciones y las aflicciones hacia el glorioso tesoro que tienes en mí. La gratitud te coloca en la alineación apropiada conmigo, tu Creador y Salvador. La alabanza mejora tu intimidad conmigo, debido a que yo *habito en las alabanzas* de mi pueblo. Entre más me alabes, más te acercarás a mí. ¡Mientras estés adorando, recuerda que *mi amor es para siempre!*

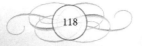

*Entrad por sus puertas con acción de gracias,
por sus atrios con alabanza; alabadle, bendecid
su nombre. Porque Jehová es bueno; para
siempre es su misericordia, y su verdad por
todas las generaciones.* —Salmos 100.4–5

Porque por fe andamos, no por vista.
—2 Corintios 5.7

*Pero tú eres santo, tú que habitas entre las
alabanzas de Israel.* —Salmos 22.3

Den gracias al Señor, *porque él es bueno; su
gran amor perdura para siempre. Den gracias
al Dios de dioses; su gran amor perdura para
siempre. Den gracias al* Señor *omnipotente; su
gran amor perdura para siempre.*
—Salmos 136.1–3, nvi

52

ALÁBESE EN ESTO EL QUE SE HUBIERE DE ALABAR, en entenderme y conocerme. Este mundo en que habitas es cada vez más complejo y confuso. Tienes más información a tu alcance de lo que podrías procesar en tu vida. Tienes tantas exigencias: del mundo, de la iglesia, de otra gente, de ti mismo. Como consecuencia, es fácil que te sientas perdido y perplejo. Para encontrar paz en este desorden caótico necesitas establecer mis prioridades de acuerdo con mi voluntad. Es crucial que hagas de la relación conmigo tu primera prioridad: alimentar y fortalecer tu conexión conmigo.

Nada es tan importante como comprenderme: conocerme y amarme como soy en realidad. Eso requiere de pasar tiempo enfocado en mí, así como una comunicación continua conmigo a lo largo del día. La enseñanza más clara y confiable acerca de mí se encuentra en la Biblia. La belleza de la naturaleza también me proclama y revela mi gloria.

Hacerme tu mayor prioridad le da enfoque a tu pensamiento. Las demás prioridades caen

en su lugar apropiado cuando yo soy lo primero
en tu vida.

Mas alábese en esto el que se hubiere de alabar:
en entenderme y conocerme, que yo soy Jehová,
que hago misericordia, juicio y justicia en la
tierra; porque estas cosas quiero, dice Jehová.
—Jeremías 9.24

Los cielos cuentan la gloria de Dios, y el
firmamento anuncia la obra de sus manos. Un
día emite palabra a otro día, y una noche a
otra noche declara sabiduría. —Salmos 19.1–2

Jesús le dijo: Amarás al Señor tu Dios con todo
tu corazón, y con toda tu alma, y con toda tu
mente. Este es el primero y grande
mandamiento. —Mateo 22.37–38

53

VEN ACÉRCATE A MÍ Y DESCANSA EN MI PRESENCIA. Yo estoy a tu alrededor, más cerca que el aire que respiras. Confía en mí en cada respirar.

Tu necesidad de mí es tan constante como necesitas del oxígeno. Por lo tanto, no rechaces la disciplina de estar en mi presencia. Debido a que tu mente puede distraerse fácilmente, debes regresar a mí una y otra vez. No te desanimes por tu tendencia a desviarte por la tangente de tu verdadero núcleo que está en mí. Simplemente continúa haciendo los ajustes necesarios para regresar a mí. Realiza estas pequeñas correcciones con alegría, confiando en *mi amor constante.*

Utiliza mi nombre, «Jesús», para reconectarte conmigo. Susúrralo, cántalo, grítalo, recordando lo que significa: «El Señor salva». Engalana mi nombre con palabras de amor y confianza. Permite que tu corazón fluya con gratitud al ponderar todo lo que soy para ti y todo lo que he hecho por ti. Estas prácticas te acercarán a mí y te ayudarán a descansar en mi presencia.

Alma mía, en Dios solamente reposa, porque de él es mi esperanza. El solamente es mi roca y mi salvación. Es mi refugio, no resbalaré.
—Salmos 62.5–6

Pero yo estoy como olivo verde en la casa de Dios; en la misericordia de Dios confío eternamente y para siempre. —Salmos 52.8

Y dará a luz un hijo, y llamarás su nombre Jesús, porque él salvará a su pueblo de sus pecados. —Mateo 1.21

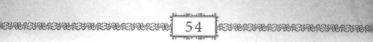

54

ALÉGRATE Y GÓZATE EN LA ESPERANZA. ¡ELEVA un grito de gozo! Tienes una buena razón para estar gozoso, porque estás de camino al cielo. Yo he pagado la pena de tus pecados y te he vestido de mi propia justicia. *Esta* es la base de la esperanza, para ti y para aquellos que me conocen de verdad como Salvador. No importa lo que esté sucediendo en tu vida en este momento, tu esperanza está segura en mí. Nadie podrá *arrebatarte de mi mano.* ¡En mí tienes una completa seguridad eterna!

Sé constante en la oración: en todo tiempo, pero especialmente cuando estés luchando. Durante las pruebas necesitas más que nunca una comunión cercana conmigo. Sin embargo, tu habilidad de concentrarte puede ser obstaculizada por el estrés y la fatiga. Por lo tanto, utiliza al máximo esa fuente asombrosa de fortaleza que hay dentro de ti: mi Espíritu. Pídele al Espíritu Santo que *controle tu mente*: que piense a través de ti y ore por medio de ti. Tus oraciones no necesitan ser bonitas ni apropiadas. Solo déjalas fluir de tu situación actual. A medida que permaneces en comunicación conmigo, yo te ayudo a estar *firme y paciente en la tribulación.*

Alégrense por la esperanza segura que tenemos. Tengan paciencia en las dificultades y sigan orando. —Romanos 12.12, NTV

Porque la gracia de Dios se ha manifestado para salvación a todos los hombres [...] aguardando la esperanza bienaventurada y la manifestación gloriosa de nuestro gran Dios y Salvador Jesucristo. — Tito 2.11, 13

Y yo les doy vida eterna; y no perecerán jamás, ni nadie las arrebatará de mi mano. —Juan 10.28

Porque el ocuparse de la carne es muerte, pero el ocuparse del Espíritu es vida y paz. —Romanos 8.6

La esperanza es el
poder de estar alegres
en circunstancias que
sabemos son
desesperadas.

G. K. Chesterton

Espere Israel a Jehová,
porque en Jehová hay
misericordia, y abundante
redención con él.

Salmos 130.7

55

Deseo que *aprendas el secreto de tener contentamiento en cualquier situación.* Adiestrarse para estar contentos es un proceso, se aprende al enfrentar una gran diversidad de dificultades. Tú pensabas estar bastante avanzado en esta capacitación, pero luego las circunstancias de tu vida se agravaron. Algunos días eres capaz de manejar bien tus dificultades. Otros días, ¡solamente deseas *salir!* Yo estoy aquí para ayudarte en tus «otros días».

Comienza por aceptar cuan frustrado y molesto te estás sintiendo. *¡Derrama sobre mí tu corazón!* Simplemente soltar tus sentimientos reprimidos te hace muy bien. Saber que yo te escucho y te comprendo, te anima todavía más. Pídeme que aumente tu conciencia de mi presencia en ti. Continúa hablándome y escuchando mi respuesta en las profundidades de tu espíritu. Ásete de versículos útiles, baña tu mente y tu corazón en ellos. Eso te levantará el ánimo como nada. *Bueno es alabar mi nombre; anunciar por la mañana mi misericordia y mi fidelidad cada noche.*

*Sé vivir humildemente, y sé tener abundancia;
en todo y por todo estoy enseñado, así para
estar saciado como para tener hambre, así para
tener abundancia como para padecer
necesidad.* —Filipenses 4.12

*Esperad en él en todo tiempo, oh pueblos;
derramad delante de él vuestro corazón; Dios
es nuestro refugio.* —Salmos 62.8

*Bueno es alabarte, oh Jehová, y cantar salmos a
tu nombre, oh Altísimo; anunciar por la
mañana tu misericordia, y tu fidelidad cada
noche.* —Salmos 92.1–2

56

TE ESTOY INSTRUYENDO EN LA DISCIPLINA DE la perseverancia. Te encuentras en un viaje cuesta arriba y algunas veces te parece interminable. Mirando en retrospectiva, puedes ver tiempos de descanso y refrigerio. Sin embargo, al mirar hacia el futuro, solamente ves un ascenso continuo. No se puede percibir la cima de la montaña que estás escalando. Yo sé cuan difícil te es seguir día tras día. Por lo tanto te digo: «*Que tu alma no se canse ni se desanime*».

Vives en una cultura dedicada al entretenimiento y la búsqueda del placer. En un clima tal, se siente extraño vivir con batallas. Si no tienes cuidado, sucumbirás ante la autocompasión, una trampa pecaminosa. Para evitar caer en esa trampa, recuerda que soy soberano y estoy presente contigo, con amor. Tu lucha presente *no* es un error ni un castigo. Al contrario, intenta mirarla como una rica oportunidad: tu viaje cuesta arriba te mantiene consciente de tu necesidad, para que busques mi ayuda. Las dificultades de tu vida pueden hacer que tu hogar celestial te sea más precioso y real. Incluso ahora, mientras susurras mi nombre con confianza, yo te abrazo con *amor eterno*.

Considerad a aquel que sufrió tal contradicción de pecadores contra sí mismo, para que vuestro ánimo no se canse hasta desmayar.
—Hebreos 12.3

El Espíritu de Jehová el Señor está sobre mí, porque me ungió Jehová; me ha enviado a predicar buenas nuevas a los abatidos, a vendar a los quebrantados de corazón, a publicar libertad a los cautivos, y a los presos apertura de la cárcel. —Isaías 61.1

Mas nuestra ciudadanía está en los cielos, de donde también esperamos al Salvador, al Señor Jesucristo; el cual transformará el cuerpo de la humillación nuestra, para que sea semejante al cuerpo de la gloria suya, por el poder con el cual puede también sujetar a sí mismo todas las cosas. —Filipenses 3.20–21

Jehová se manifestó a mí hace ya mucho tiempo, diciendo: Con amor eterno te he amado; por tanto, te prolongué mi misericordia. —Jeremías 31.3

57

EN QUIETUD Y EN CONFIANZA SERÁ TU FUERZA. Cuando te encuentras en una situación difícil, tu mente tiende a aumentar la velocidad. Contemplas mentalmente las posibles soluciones a una velocidad vertiginosa. ¡Tu cerebro se convierte en una ráfaga de actividad! Escudriñas tus habilidades y las de quienes llamarías por ayuda. Si no encuentras una solución inmediata, comienzas a sentirte nervioso. Cuando comiences a percibir que esto está sucediendo, regresa a mí y descansa *en quietud.* Dedica tiempo para buscar mi rostro y mi voluntad, en lugar de precipitarte sin una dirección clara.

Deseo que tengas confianza en mí y en mis caminos, confiando pacientemente en mí incluso cuando no puedas ver el camino por adelante. Aunque el nerviosismo y el esfuerzo te drenen la energía, confiar en quietud te fortalecerá. Puedes confiar en que yo no te abandonaré en el momento de necesidad. Continúa comunicándome tu situación y está dispuesto a esperar sin presionar para obtener una solución inmediata. *Los que esperan en el Señor tendrán nuevas fuerzas.*

Porque así dijo Jehová el Señor, el Santo de Israel: En descanso y en reposo seréis salvos; en quietud y en confianza será vuestra fortaleza.
—Isaías 30.15

Esforzaos y cobrad ánimo; no temáis, ni tengáis miedo de ellos, porque Jehová tu Dios es el que va contigo; no te dejará, ni te desamparará.
—Deuteronomio 31.6

Pero los que confían en el Señor renovarán sus fuerzas; volarán como las águilas correrán y no se fatigarán, caminarán y no se cansarán.
—Isaías 40.31, NVI

58

PON TU ESPERANZA EN MI AMOR INAGOTABLE. Vives en un mundo donde abunda el fracaso: en los gobiernos y los negocios, las escuelas y las iglesias, los amigos, los familiares y en ti. La comunicación mundial instantánea hace que los fracasos sean cada vez más evidentes, cada vez más desgarradores. De manera que la idea del *amor inagotable* es radical, no hay un modelo adecuado para él en este mundo. Claramente, un amor tal solamente puede encontrarse en mí, en la mera esencia de quien yo soy.

Incluso el padre, amigo o amante más amoroso te fallará algunas veces; pero yo soy el Amante eterno que nunca te fallará. Esto es posible porque yo soy el Dios infinito y perfecto. No obstante, me hice hombre, con una comprensión y empatía humanas. De hecho, *mi compasión nunca se agota.* Por tanto, encuentra esperanza en mí y en mi asombrosa provisión para los creyentes: *la salvación y la justicia que nunca se agotan.* La esperanza te fortalece a ti y me agrada a mí. *Yo me gozo en los que ponen su esperanza en mi amor inagotable.*

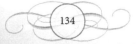

Se complace Jehová en los que le temen, y en los que esperan en su misericordia.
—Salmos 147.11

Por la misericordia de Jehová no hemos sido consumidos, porque nunca decayeron sus misericordias. —Lamentaciones 3.22

Y nosotros hemos conocido y creído el amor que Dios tiene para con nosotros. Dios es amor; y el que permanece en amor, permanece en Dios, y Dios en él. —1 Juan 4.16

Alzad a los cielos vuestros ojos, y mirad abajo a la tierra; porque los cielos serán deshechos como humo, y la tierra se envejecerá como ropa de vestir, y de la misma manera perecerán sus moradores; pero mi salvación será para siempre, mi justicia no perecerá. —Isaías 51.6

59

Yo soy el *Dios Todopoderoso* y *soy santo, santo, santo*. Esta triple repetición de mi santidad enfatiza mi absoluta separación del pecado. Deseo que disfrutes el gozo de mi amorosa presencia que está siempre contigo y no pierdas la vista de mi santidad. Saber que yo soy el Dios santo puede bendecirte y protegerte; y destaca cuan privilegiado eres al conocerme como Salvador y amigo. Además, evita que seas presuntuoso o que te relaciones conmigo sin cuidado. Algunas veces tu comunicación conmigo *será* inapropiada, pero recordar mi santidad puede ayudarte a arrepentirte rápidamente.

Aunque el rey David cometió pecados terribles, fue un *hombre conforme a mi corazón*, muy enseñable. Cuando Natán el profeta reprendió a David por haber cometido adulterio y asesinato, él se arrepintió inmediatamente, diciendo: «*Contra el Señor he pecado*». Por lo tanto, no te desesperes cuando te des cuenta de que has pecado. En lugar de eso, cambia rápidamente el modo ofensivo y voltea hacia mí. Yo te recibiré cálidamente, *sin condenación*.

Y los cuatro seres vivientes tenían cada uno seis alas, y alrededor y por dentro estaban llenos de ojos; y no cesaban día y noche de decir: Santo, santo, santo es el Señor Dios Todopoderoso, el que era, el que es, y el que ha de venir.
—Apocalipsis 4.8

Quitado éste, les levantó [Dios] por rey a David, de quien dio también testimonio diciendo: He hallado a David hijo de Isaí, varón conforme a mi corazón, quien hará todo lo que yo quiero. —Hechos 13.22

Entonces dijo David a Natán: Pequé contra Jehová. Y Natán dijo a David: También Jehová ha remitido tu pecado; no morirás.
—2 Samuel 12.13

Ahora, pues, ninguna condenación hay para los que están en Cristo Jesús, los que no andan conforme a la carne, sino conforme al Espíritu.
—Romanos 8.1

60

Haz que yo sea tu enfoque predeterminado.
Intenta estar consciente de lo que piensas cuando tu mente está en descanso. La mente de
muchas personas gravita hacia las preocupaciones, el trabajo, los planes, la comida, la búsqueda del placer. Algunos de esos pensamientos
son útiles, mientras que otros no lo son. La
mayoría no está muy consciente de sus pensamientos durante los «momentos opacos»; pero
yo estoy bastante consciente de ellos. Deseo que
entrenes tu mente para que se vuelva hacia mí
cada vez más. Piensa en quien yo soy: Creador,
Salvador, Rey de reyes. Además, reflexiona en
mi asombroso e inagotable amor por ti.

Instruir a tu mente para que me haga tu
enfoque predeterminado, no es fácil. Pídele al
Espíritu Santo que te ayude en esta tarea desafiante y lo hará. Sin embargo, debes estar preparado para cooperar con él. Necesitas pasar
tiempo en quietud, lejos de la televisión, la
radio y otro ruido distractor. Comunícate frecuentemente conmigo durante el día. Utilizar
una oración breve como: «Jesús, acércame a ti»,

puede ayudarte a cambiar tu enfoque hacia mí una y otra vez. Además, es vital saturar tu mente de la Escritura, la cual se trata completamente de mí. Al practicar estas disciplinas, gradualmente serás *transformado por medio de la renovación de tu mente.*

Cuando veo tus cielos, obra de tus dedos, la luna y las estrellas que tú formaste, digo: ¿Qué es el hombre, para que tengas de él memoria, y el hijo del hombre, para que lo visites?
—*Salmos 8.3–4*

En mi corazón he guardado tus dichos, para no pecar contra ti. —*Salmos 119.11*

No os conforméis a este siglo, sino transformaos por medio de la renovación de vuestro entendimiento, para que comprobéis cuál sea la buena voluntad de Dios, agradable y perfecta.
—*Romanos 12.2*

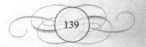

Nuestra esperanza
cristiana es que
viviremos con Cristo en
la tierra nueva, donde
no solamente no hay
más muerte, sino que la
vida es lo que siempre
debió haber sido.

Timothy Keller

He aquí, os digo un misterio: No todos dormiremos; pero todos seremos transformados, en un momento, en un abrir y cerrar de ojos, a la final trompeta; porque se tocará la trompeta, y los muertos serán resucitados incorruptibles, y nosotros seremos transformados.

1 Corintios 15.51–52

61

Yo soy el Dios de amor y paz. Deja que el esplendor de mi gloriosa verdad penetre hondo en las profundidades de tu corazón, tu mente y tu espíritu. ¡El único que siempre está contigo es el Dios de paz y de amor! Cuando sientas la necesidad de más amor, ven a mí y déjame derramarlo sobre ti. Cuando estés sintiendo ansiedad o temor, ven a mi presencia pacificadora y relájate en *los brazos eternos* que te están esperando.

Deseo que tu carácter me refleje cada vez más. Por lo tanto, intenta ser amoroso y apacible en tus relaciones con otras personas. Cuando alguien te irrite o te moleste, intenta verme a mí en esa persona. Recuerda que yo los creé a todos *a mi imagen y semejanza*. La manera más efectiva de amar a la gente es permitir que mi amor fluya a través de ti hacia ellos. Mi Espíritu vive en tu interior y tú puedes pedirle que ame a los demás a través de ti. Para vivir tranquilo necesitas perdonar rápidamente a la gente, incluso a ti mismo. Esfuérzate por vivir cerca de mí, *el Dios de paz y de amor.*

Por lo demás, hermanos, tened gozo,
perfeccionaos, consolaos, sed de un mismo
sentir, y vivid en paz; y el Dios de paz y de
amor estará con vosotros. —2 Corintios 13.11

El eterno Dios es tu refugio, y acá abajo los
brazos eternos; El echó de delante de ti al
enemigo, y dijo: Destruye.
—Deuteronomio 33.27

Y creó Dios al hombre a su imagen, a imagen
de Dios lo creó; varón y hembra los creó.
—Génesis 1.27

62

ESFUÉRZATE Y TOME ALIENTO TU CORAZÓN.
Deseo que mis hijos sean valientes, no cobardes. De hecho, la Biblia contiene advertencias de terribles consecuencias para «*los cobardes e incrédulos, los abominables y homicidas*».

Cuando pasas por momentos muy difíciles y no hay alivio a la vista, normalmente comienzas a buscar una salida. Esos anhelos escapistas se originan en la autocompasión y una sensación de merecimiento: piensas que mereces mejores condiciones que tu situación actual. Pero cuando lo piensas de ese modo, estás ignorando mi soberanía sobre tu vida. Aunque tus circunstancias en realidad puedan ser dolorosas y difíciles, no carecen de valor. Por lo tanto, ármate de valor para decirle *sí* a la vida, confiar que yo tengo el control y estoy contigo en tus luchas.

Ven a mí con un corazón valiente, esperando en mí y yo te bendeciré en muchas maneras. Además, multiplicaré tu pequeño acto de bravura: *fortaleceré tu corazón*.

*Esforzaos todos vosotros los que esperáis en
Jehová, y tome aliento vuestro corazón.*
—Salmos 31.24

*Pero los cobardes e incrédulos, los abominables
y homicidas, los fornicarios y hechiceros, los
idólatras y todos los mentirosos tendrán su
parte en el lago que arde con fuego y azufre,
que es la muerte segunda.* —Apocalipsis 21.8

*He aquí que Jehová el Señor vendrá con poder,
y su brazo señoreará; he aquí que su
recompensa viene con él, y su paga delante de
su rostro. Como pastor apacentará su rebaño;
en su brazo llevará los corderos, y en su seno los
llevará; pastoreará suavemente a las recién
paridas.* —Isaías 40.10–11

63

ESPERA LO QUE NO VES; AGUÁRDALO ANSIOSAMENTE con constancia. De los cinco sentidos, la vista es a menudo el que la gente valora más. Yo creé al mundo gloriosamente hermoso, por eso deseo que aprecies su belleza cuando lo veas. Sin embargo, aun más beneficiosa que la visión es la esperanza, la cual es en sí un tipo de visión. Te permite ver —con los ojos de tu corazón— las cosas que *todavía no* son. El ejemplo más impresionante de esto es la esperanza celestial. ¡Tu destino final es estar en mi gloria! Esta es la promesa que te hago, asegurada a través de mi obra consumada en la cruz y de mi resurrección.

Espera las cosas que no ves, tanto de esta vida como de la siguiente. Pídeme que te conduzca a esperanzas y sueños que estén alineados con mi voluntad. Entrena tus ojos para que «vean» aquellas bendiciones, mientras oras para que mi voluntad sea hecha completa y únicamente. Disciplínate para *esperar con impaciencia,* enfocándote en mí y en el resultado anhelado. Permanece esperanzado y expectante mientras *esperas con constancia.*

Pero si esperamos lo que no vemos, con paciencia lo aguardamos. —Romanos 8.25

La gloria que me diste, yo les he dado, para que sean uno, así como nosotros somos uno.
—Juan 17.22

La fe es la confianza de que en verdad sucederá lo que esperamos; es lo que nos da la certeza de las cosas que no podemos ver.
—Hebreos 11.1, NTV

64

No temas ser feliz. Debido a que eres mío, puedes esperar experimentar la felicidad, incluso en este mundo quebrantado. No obstante, a veces la ansiedad se entromete en tus momentos de tranquilidad. Comienzas a preguntarte si hay cosas que deberías estar haciendo o planes que deberías estar llevando a cabo. Tu sensación subyacente es que no es seguro bajar la guardia y simplemente estar feliz en el momento. ¡Cuán equivocado es esto, hijo mío!

Yo te he llamado a *estar quieto* —soltarte, relajarte— *y conocer que yo soy Dios.* Es posible que pienses que necesitas tener todo arreglado antes de poder relajarte y disfrutar mi presencia. Pero considera todo el contexto de este mandamiento: *aunque la tierra sea removida, y se traspasen los montes al corazón del mar.* El salmista que escribió estas palabras estaba describiendo una catástrofe terrible. Por lo tanto, no necesitas que se resuelvan los problemas de tu vida; este el momento correcto para disfrutarme. Ven con confianza a mi presencia, diciendo: «Jesús, yo decido disfrutarte, aquí y ahora».

148

Bienaventurado el pueblo que tiene esto;
bienaventurado el pueblo cuyo Dios es Jehová.
—Salmos 144.15

«Quédense quietos, reconozcan que yo soy
Dios. ¡Yo seré exaltado entre las naciones! ¡Yo
seré enaltecido en la tierra!».
—Salmos 46.10, NVI

Dios es nuestro amparo y fortaleza, nuestro
pronto auxilio en las tribulaciones. Por tanto,
no temeremos, aunque la tierra sea removida,
y se traspasen los montes al corazón del mar;
aunque bramen y se turben sus aguas, y
tiemblen los montes a causa de su braveza.
—Salmos 46.1–3

65

TÚ ESTÁS *SIENDO RENOVADO DE DÍA EN DÍA.* Por lo tanto, no te sientas ahogado por los fracasos y desilusiones del ayer. Comienza de nuevo este día, buscando agradarme y caminando en mis sendas: ¡enfocándote en el hoy! Cuando lo hagas, podré transformarte poco a poco. Este es un proceso de toda la vida, un viaje cargado de problemas y dolor. Es también un viaje lleno de gozo y paz, porque yo estoy contigo en cada paso del camino.

Observa que estás *siendo* renovado. Esto no es algo que puedas hacer solamente con tu propia fuerza y tu voluntad. Mi Espíritu está encargado de tu renovación, él está vivo en tu interior, dirigiendo tu crecimiento en gracia. No te desanimes cuando encuentres problemas y dolor en el camino. El proceso de renovación tiene partes vitales. Ármate de valor para agradecerme cuando estés pasando por experiencias dolorosas. Encuentra esperanza al confiar en que yo *te sostengo de la mano derecha* continuamente, ¡y estoy preparándote para la gloria!

Por tanto, no nos desanimamos. Al contrario, aunque por fuera nos vamos desgastando, por dentro nos vamos renovando día tras día.
—2 Corintios 4.16, NVI

Mas vosotros no vivís según la carne, sino según el Espíritu, si es que el Espíritu de Dios mora en vosotros. Y si alguno no tiene el Espíritu de Cristo, no es de él. —Romanos 8.9

Con todo, yo siempre estuve contigo; me tomaste de la mano derecha. Me has guiado según tu consejo, y después me recibirás en gloria. —Salmos 73.23–24

66

HAY UN CAMINO ABIERTO DELANTE DE TI, EN la ruta al cielo. Yo soy tu compañero de viaje y conozco cada curva del camino. Tú ves tus problemas y limitaciones inminentes en tu progreso, sin importar la dirección a la que mires. Pero tu visión es demasiado limitada. Todo lo que te pido es que des el siguiente paso, negándote a rendirte, negándote a dejar de confiar en mí.

Tu vida es un verdadero caminar de fe, ¡y yo soy completamente fiel! Aunque tu inteligencia te falle, yo nunca lo haré. El desafío que está ante ti es dejar de enfocarte en tus problemas y limitaciones, y creer que el camino por delante es en realidad uno *abierto*, no obstante su aspecto.

Yo soy el camino al Padre en el cielo. Recuerda cuánto tuve que sufrir para abrirte el *camino de la vida*. Nadie más soportará lo que yo pasé. Cuando estés luchando, simplemente da el primer paso y agradéceme por despejarte el camino por delante, en dirección hacia el cielo.

No os ha sobrevenido ninguna tentación que no sea humana; pero fiel es Dios, que no os dejará ser tentados más de lo que podéis resistir, sino que dará también juntamente con la tentación la salida, para que podáis soportar. —1 Corintios 10.13

Porque por fe andamos, no por vista.
—2 Corintios 5.7

Jesús le dijo: Yo soy el camino, y la verdad, y la vida; nadie viene al Padre, sino por mí.
—Juan 14.6

Me mostrarás la senda de la vida; en tu presencia hay plenitud de gozo; delicias a tu diestra para siempre. —Salmos 16.11

Es imposible para el hombre estar desesperado cuando recuerda que su Ayudador es omnipotente.

Jeremy Taylor

¡Oh Soberano Señor!
Hiciste los cielos y la tierra
con tu mano fuerte y tu
brazo poderoso. ¡Nada es
demasiado difícil para ti!
Jeremías 32.17, NTV

67

Puedes encontrar gozo en medio del quebranto. Uno de los momentos más difíciles para estar alegre es cuando estás lidiando con múltiples problemas —buscando soluciones sin encontrar ni siquiera una—, y te acosan nuevas dificultades. Si te concentras demasiado en encontrar soluciones, te hundirás bajo el peso de tus problemas. Por lo tanto, es vital que recuerdes que yo estoy presente en tu adversidad. Yo estoy obrando en tu situación y mi incomparable sabiduría me permite sacar bien de lo malo, ¡finalmente sacando ventaja del mal con el bien!

El camino para encontrar gozo en la adversidad es encontrarte *conmigo*. Puedes orar: «¡Jesús, ayúdame a encontrarte en medio de este desastre!». A medida que desconectes tus emociones de todos los problemas y las conectes con mi presencia, comenzarán a suceder cosas buenas. Tu carácter triste se hace cada vez más luminoso y brillante. Además, a medida que *permaneces en mí* —conectado a mi presencia—, yo te permito ver las cosas desde mi perspectiva. Puedes estar alegre en medio del quebranto al permanecer conectado conmigo.

Hermanos míos, tened por sumo gozo cuando os halléis en diversas pruebas, sabiendo que la prueba de vuestra fe produce paciencia.
—Santiago 1.2–3

¡Oh profundidad de las riquezas de la sabiduría y de la ciencia de Dios! ¡Cuán insondables son sus juicios, e inescrutables sus caminos! —Romanos 11.33

Permaneced en mí, y yo en vosotros. Como el pámpano no puede llevar fruto por sí mismo, si no permanece en la vid, así tampoco vosotros, si no permanecéis en mí. —Juan 15.4

68

BUSCAR AGRADARME ES UNA MANERA ALEGRE de vivir. Desde luego, *sin fe es imposible agradarme.* Debes *creer* que de verdad *existo y que soy galardonador de los que me buscan.*

Vivir para agradarme es una inversión sabia; no solamente por las recompensas del cielo, sino también para el goce diario en la tierra. Yo debo ser el centro de tu existencia, el Sol alrededor del cual orbites. Cuando vives de manera egoísta, te sales del camino.

El desafío es mantenerme en el centro de lo que haces, dices y piensas. Esta batalla comienza en tu mente; por lo tanto, intenta *llevar cautivo todo pensamiento a la obediencia a mí.* Estudia mi Palabra para encontrar lo que me agrada, y recuerda cuan asombrosamente te amo. Estar consciente de mi amor te ayudará a permanecer en órbita alrededor del Hijo, disfrutando los placeres de mi presencia.

*Pero sin fe es imposible agradar a Dios; porque
es necesario que el que se acerca a Dios crea
que le hay, y que es galardonador de los que le
buscan. —Hebreos 11.6*

*Derribando argumentos y toda altivez que se
levanta contra el conocimiento de Dios, y
llevando cautivo todo pensamiento a la
obediencia a Cristo. —2 Corintios 10.5*

*Nosotros [...] no cesamos de orar por vosotros, y
de pedir [...] para que andéis como es digno del
Señor, agradándole en todo, llevando fruto en
toda buena obra, y creciendo en el
conocimiento de Dios. —Colosenses 1.9–10*

69

Yo mismo voy delante de ti y estaré conti-go. De manera que no temas ni te intimides. ¡Yo, tu amoroso Salvador, también soy el Dios infinito! Yo soy omnipresente: presente en todos lados a la vez. Eso me hace posible ir delante de ti —abriéndote camino—, sin alejarme nunca de tu lado.

La promesa de mi presencia es para todo tiempo. No importa a dónde vayas ni las circunstancias que encuentres, yo *estaré* contigo. Esta es la base de tu valor y tu confianza. Aunque el temor y el desánimo se deslicen a veces en tu corazón, ese no es el hogar que les pertenece. Tu corazón es *mi* morada y esas emociones hirientes no me pertenecen. De hecho, *el perfecto amor echa fuera el temor.* Entonces, revisa tu corazón de vez en cuando para ver si el temor y el desánimo están merodeando. Si descubres intrusos inoportunos, ¡pídele al Espíritu Santo que obre como un saca intrusos y los eche fuera! Luego, anímate con mi promesa de *ir delante de ti y estar contigo,* y permite que mi perfecto amor renueve tu esperanza.

Y Jehová va delante de ti; él estará contigo, no te dejará, ni te desamparará; no temas ni te intimides. —Deuteronomio 31.8

Para que os dé, conforme a las riquezas de su gloria, el ser fortalecidos con poder en el hombre interior por su Espíritu; para que habite Cristo por la fe en vuestros corazones, a fin de que, arraigados y cimentados en amor. —Efesios 3.16–17

Sino que el amor perfecto echa fuera el temor. El que teme espera el castigo, así que no ha sido perfeccionado en el amor. —1 Juan 4.18, NVI

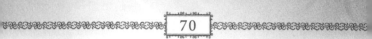

70

LA ALABANZA TE HARÁ VICTORIOSO EN ESTE día. Cuando me adoras, te conectas conmigo en una manera poderosa que trasciende el tiempo y las circunstancias. Yo vivo en tus alabanzas, y *tú vives y te mueves y eres en mí*. Alabarme te acerca a las profundidades de mi presencia, donde puedes vislumbrar mi poder y mi gloria.

La depresión, el temor y la autocompasión se desvanecen cuando entras en una adoración sincera. El maligno y sus seguidores demoniacos escapan de esta saturación gloriosa. Por lo tanto, es sabio alabarme. Sin embargo, ¡la razón más importante para adorarme es que yo soy *digno de recibir el honor, la gloria y la alabanza*! La Biblia está llena de mandamientos para darme alabanza.

No importa cuan oscuro o difícil pueda parecer tu día, la luz de mi presencia brillará a través de la oscuridad a medida que me adores. ¡Esto me glorifica y te permite vivir por sobre tus circunstancias victoriosamente!

*Pero tú eres santo, tú que habitas entre las
alabanzas de Israel.* —Salmos 22.3

*Porque en él vivimos, y nos movemos, y somos;
como algunos de vuestros propios poetas
también han dicho: Porque linaje suyo somos.*
—Hechos 17.28

*Y miré, y oí la voz de muchos ángeles alrededor
del trono, y de los seres vivientes, y de los
ancianos; y su número era millones de
millones, que decían a gran voz: El Cordero
que fue inmolado es digno de tomar el poder,
las riquezas, la sabiduría, la fortaleza, la
honra, la gloria y la alabanza.*
—Apocalipsis 5.11–12

71

PON TODA TU ATENCIÓN EN LO QUE ESTOY haciendo ahora y no te preocupes por lo que puede suceder o no mañana. Esto parece muy simple, pero va contra la esencia de la naturaleza humana, contra el fuerte deseo de tener el control. La humanidad anhela poder predecir el futuro y algunas personas venden su «pericia» en esta área para hacer dinero. Pero el futuro me pertenece a mí, de manera que no necesitas preocuparte por ello.

Intentar no pensar en algo, a menudo resulta ineficaz y contraproducente. El esfuerzo de dejar de pensar en el asunto te mantiene encadenado a esos pensamientos. Sin embargo, puedes liberarte al enfocar tu atención en mí y en lo que yo estoy llevando a cabo en tu vida. Yo soy tu Salvador vivo y siempre estoy haciendo *cosas nuevas*.

Lo que mantiene encadenada a los pensamientos futuros a mucha gente es su temor a lo que traerá el mañana, preguntándose si podrán lidiar con ello. Pero recuerda esto: *¡yo te ayudaré a lidiar con las cosas difíciles que vengan cuando llegue el tiempo!*

Así que no se preocupen por el mañana, porque el día de mañana traerá sus propias preocupaciones. Los problemas del día de hoy son suficientes por hoy. —Mateo 6.34, NTV

El Espíritu del Señor está sobre mí, por cuanto me ha ungido para dar buenas nuevas a los pobres; me ha enviado a sanar a los quebrantados de corazón; a pregonar libertad a los cautivos, y vista a los ciegos; a poner en libertad a los oprimidos. —Lucas 4.18

He aquí se cumplieron las cosas primeras, y yo anuncio cosas nuevas; antes que salgan a luz, yo os las haré notorias. —Isaías 42.9

72

APÓYATE EN MÍ AL ENFRENTAR LAS CIRCUNS-tancias de este día. Lo percibas o no, toda la gente se apoya en —depende de—*algo*: la fuerza física, la inteligencia, la belleza, la riqueza, los logros, la familia, los amigos, entre otras cosas. Todos estos son regalos míos que deben ser disfrutados con agradecimiento. No obstante, confiar en estas cosas es riesgoso, debido a que cada una de ellas te puede desilusionar.

Cuando tus circunstancias son difíciles y te estás sintiendo débil, tiendes a obsesionarte por sobrevivir al día. Eso desperdicia mucho tiempo y energía; además te distrae de mí. Cuando eso suceda, pídeme que abra tus ojos para que me puedas encontrar en el momento. «Mírame» cercano con mi brazo fuerte extendido hacia ti, ofreciéndote mi ayuda. No intentes pretender que lo tienes todo arreglado o que eres más fuerte de lo que realmente eres. Al contrario, apóyate en mí, déjame soportar la mayor parte de tu peso y ayudarte con tus problemas. Gózate en mí —*tu fuerza*— y adórame mientras te apoyas en mí.

*El hombre que tiene amigos ha de mostrarse
amigo; y amigo hay más unido que un
hermano.* —Proverbios 18.24

*Pero yo cantaré de tu poder, y alabaré de
mañana tu misericordia; porque has sido mi
amparo y refugio en el día de mi angustia.
Fortaleza mía, a ti cantaré; porque eres, oh
Dios, mi refugio, el Dios de mi misericordia.*
—Salmos 59.16–17

*Por la fe Jacob, al morir, bendijo a cada uno de
los hijos de José, y adoró apoyado sobre el
extremo de su bordón.* —Hebreos 11.21

La Palabra de Dios dice que no hay situación, dolencia, ni matrimonio imposibles [...] Nuestra esperanza es el ancla del alma [...] ¡la esperanza que confía en el regreso de Jesucristo!

Donald Baker y Emery Nester

Nosotros ponemos nuestra esperanza en el SEÑOR; él es nuestra ayuda y nuestro escudo. En él se alegra nuestro corazón, porque confiamos en su santo nombre. Que tu amor inagotable nos rodee, SEÑOR, porque sólo en ti está nuestra esperanza.

Salmos 33.20–22, NTV

Yo cuido a quienes me aman. Permite que esta promesa de mi cuidado te consuele, especialmente en los días difíciles. Esta promesa es para *ti*, porque me amas. Desde luego, no se trata de ganarte mi protección al amarme. Sin embargo, aquellos que me pertenecen —y están bajo mi cuidado vigilante— son quienes me aman. Esto es una respuesta a lo que yo he hecho: *tú me amas porque te amé primero.*

En tiempos de peligro y destrucción extremos, incluso los adultos valientes claman a veces por la ayuda de sus padres. Esta es una respuesta instintiva que fluye de los recuerdos de la infancia. Cuando la gente siente temor, anhela sentirse protegida por alguien que es más grande y más fuerte. Permanece seguro de que yo siempre estoy vigilándote, *como un pastor cuida a su rebaño.* Es posible que algunas veces te *sientas* solo y desprotegido. El remedio es confiar en que estoy contigo y que comiences a comunicarte conmigo, derramando tu corazón. Expresarte libremente conmigo te ayudará a estar consciente de mi amorosa presencia vigilante.

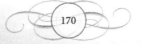

Jehová guarda a todos los que le aman, mas destruirá a todos los impíos. —Salmos 145.20

Nosotros le amamos a él, porque él nos amó primero. —1 Juan 4.19

Oíd palabra de Jehová, oh naciones, y hacedlo saber en las costas que están lejos, y decid: El que esparció a Israel lo reunirá y guardará, como el pastor a su rebaño. —Jeremías 31.10

Esperad en él en todo tiempo, oh pueblos; derramad delante de él vuestro corazón; Dios es nuestro refugio. —Salmos 62.8

74

YO SOY EL QUE TE MANTIENE A SALVO. TÚ TIENDES a confiar bastante en tu inteligencia y tu planeación, como si en eso descansara tu seguridad. Cuando comienzas a sentirte ansioso por algo, tu mente va a toda velocidad buscando soluciones, buscando seguridad. Todo mientras yo estoy contigo, *sosteniéndote de la mano derecha.*

Ten cuidado de *confiar en ti mismo,* lo cual es insensato. Al contrario, *camina en sabiduría* y te *mantendrás a salvo.* La esencia de la sabiduría es confiar en mí más que en ti mismo o en otras personas. Yo estoy listo para *guiarte con mi consejo,* por lo tanto tráeme todas tus preocupaciones. Cuando te estés sintiendo confundido, posiblemente ayude que escribas tus oraciones, pidiéndome que te muestre el camino hacia delante. Luego, espera en mi presencia y dame tiempo para dirigir tu mente, mientras te enfocas en mí y en mi Palabra. Puedes susurrar: «Jesús», para ayudarte a permanecer concentrado. Mi nombre —que representa todo lo que yo SOY —es *torre fuerte—*; quienes *corren a él están a salvo.*

*Con todo, yo siempre estuve contigo; me
tomaste de la mano derecha. Me has guiado
según tu consejo, y después me recibirás en
gloria. ¿A quién tengo yo en los cielos sino a ti?
Y fuera de ti nada deseo en la tierra. Mi carne
y mi corazón desfallecen; mas la roca de mi
corazón y mi porción es Dios para siempre.*
—Salmos 73.23–26

*El que confía en su propio corazón es necio;
mas el que camina en sabiduría será librado.*
—Proverbios 28.26

*Torre fuerte es el nombre de Jehová; a él
correrá el justo, y será levantado.*
—Proverbios 18.10

75

MI FIEL AMOR NUNCA SE ACABA, MIS MISERICORDIAS jamás terminan, son nuevas cada mañana. Yo sé cuán desesperadamente deseas creerlo y cuánto estás batallando para ello. Hoy, lo único que parece interminable son tus problemas y tu dolor. Pero yo estoy *aquí* —tiernamente presente—, listo para ayudarte a pasar con seguridad este día. Creer esta verdad puede marcar una diferencia entre salir adelante y darte por vencido en desesperación.

Algunos días, cuando las cosas marchan razonablemente bien, es fácil confiar en mi amor inagotable. Pero cuando estallan nuevos problemas inesperados, confiar en mí requiere de mucho más esfuerzo. En tales veces puede serte útil recordar que recibes nuevas misericordias cada mañana. Cuando te estés vistiendo, recuerda que yo te he vestido con *vestiduras de salvación*. ¡Debido a que llevas mi *manto de justicia*, estás de camino al cielo! Este es un increíble acto de misericordia: arrebatarte de la boca del infierno y colocarte en el camino de la gloria. ¡Nada de lo que enfrentes hoy se compara con este regalo misericordioso de la vida eterna!

¡El fiel amor del Señor nunca se acaba! Sus misericordias jamás terminan. Grande es su fidelidad; sus misericordias son nuevas cada mañana. —Lamentaciones 3.22–23, NTV

En gran manera me gozaré en Jehová, mi alma se alegrará en mi Dios; porque me vistió con vestiduras de salvación, me rodeó de manto de justicia, como a novio me atavió, y como a novia adornada con sus joyas. —Isaías 61.10

Porque tanto amó Dios al mundo, que dio a su Hijo unigénito, para que todo el que cree en él no se pierda, sino que tenga vida eterna. —Juan 3.16, NVI

76

La preocupación es, mayormente, pensar en las cosas en el tiempo equivocado. Yo he edificado en tu cerebro la asombrosa capacidad de observar tus propios pensamientos. Por lo tanto, es posible revisarlos y tomar decisiones respecto de ellos.

Para evitar desperdiciar energía mental y emocional es muy importante esperar el tiempo adecuado. Si piensas en las cosas en el tiempo equivocado —por ejemplo, cuando estás recostado en la cama—, es muy fácil comenzar a preocuparte por ellas. De ahí que sea útil revisar tus pensamientos. En lugar de esperar hasta estar profundamente preocupado, puedes interrumpir los pensamientos de ansiedad y cambiar el tema.

Yo deseo que disciplines tu mente para minimizar la preocupación y maximizar la adoración. Esto requiere de mucho esfuerzo continuo, pero verás que es un camino de libertad. Cuando te des cuenta de que estás pensando en algo en el momento equivocado —un pensamiento de angustia en un momento en que no puedes hacer nada al respecto—, actúa rápidamente. Convéncete: «¡Ahora no!», y dirige tu mente hacia otro lado. La mejor dirección para tu pensamiento soy yo. Acércate a mí expresando tu confianza en mí, tu amor por mí. Eso es adoración.

Dijo luego a sus discípulos: Por tanto os digo: No os afanéis por vuestra vida, qué comeréis; ni por el cuerpo, qué vestiréis. La vida es más que la comida, y el cuerpo que el vestido. Considerad los cuervos, que ni siembran, ni siegan; que ni tienen despensa, ni granero, y Dios los alimenta. ¿No valéis vosotros mucho más que las aves? ¿Y quién de vosotros podrá con afanarse añadir a su estatura un codo? Pues si no podéis ni aun lo que es menos, ¿por qué os afanáis por lo demás? —Lucas 12.22–26

Adorad a aquel que hizo el cielo y la tierra, el mar y las fuentes de las aguas.
—Apocalipsis 14.7

77

Yo TE *LLENARÉ DE ALEGRÍA Y DE PAZ* CUANDO esperes en mi presencia. Pasar tiempo conmigo demuestra que realmente confías en mí. Quien confía principalmente en sí mismo y en sus propias habilidades, a menudo me saca de su vida. A medida que aprendes a confiar más en mí, cada vez te deleitas más en pasar tiempo conmigo. Y entre más esperas en mi presencia, más profunda se hace tu fe, incrementando así tu gozo y tu paz.

Debido a que me perteneces, mi Espíritu vive en ti. Posiblemente algunas veces no estés consciente de su presencia, pero él siempre está pendiente de ti. Además, está obrando continuamente en tu interior, *transformándote a mi imagen, de gloria en gloria.* Tú cooperas con este proceso al concentrarte en mí. A medida que te vuelves cada vez más como yo, la esperanza crece en tu interior. Con la ayuda del Espíritu, esta esperanza puede incrementarse en ti hasta que rebose, ¡derramándose y salpicándose en la vida de otras personas!

Y el Dios de esperanza os llene de todo gozo y paz en el creer, para que abundéis en esperanza por el poder del Espíritu Santo.
—Romanos 15.13

Tú guardarás en completa paz a aquel cuyo pensamiento en ti persevera; porque en ti ha confiado. —Isaías 26.3

Mas vosotros no vivís según la carne, sino según el Espíritu, si es que el Espíritu de Dios mora en vosotros. Y si alguno no tiene el Espíritu de Cristo, no es de él. —Romanos 8.9

Por tanto, nosotros todos, mirando a cara descubierta como en un espejo la gloria del Señor, somos transformados de gloria en gloria en la misma imagen, como por el Espíritu del Señor. —2 Corintios 3.18

78

CÁNTAME, PORQUE TE HE HECHO BIEN. CUANDO cantar alabanzas es lo último que deseas hacer, probablemente eso sea lo que necesites. Sin duda he sido clemente contigo, parezca así o no. Tú has estado en un camino cuesta arriba durante mucho tiempo y te estás debilitando. Anhelas días fáciles, un camino que no esté tan escarpado. Pero las subidas extenuantes son las que te llevan más alto, cada vez más cerca de la cima.

¡La dificultad de las circunstancias de tu vida *no* es un error! Es cuestión de mi voluntad soberana y en cierta medida de tus propios objetivos. Deseas vivir más cerca de mí y ser cada vez más lo que yo creé. Perseguir estos objetivos te ha colocado en un camino aventurero en que abundan las dificultades. Algunas veces comparas tu camino con los de tus amigos, que parecen más fáciles. Pero no puedes comprender completamente los problemas que ellos enfrentan. Tampoco sabes lo que el futuro les depara. Recuerda la respuesta que le di a Simón Pedro cuando me preguntó de mis asuntos con Juan: «¿Qué a ti? Sígueme tú».

Cantaré a Jehová, porque me ha hecho bien.
—Salmos 13.6

Dios es mi fortaleza firme, y hace perfecto mi camino. Me hace andar tan seguro como un ciervo, para que pueda pararme en las alturas de las montañas. —2 Samuel 22.33–34, NTV

Jesús contestó: Si quiero que él siga vivo hasta que yo regrese, ¿qué tiene que ver contigo? En cuanto a ti, sígueme. —Juan 21.22, NTV

Tomo la palabra *esperanza* como fe y, de hecho, la esperanza no es nada más que la constancia de la fe.

Juan Calvino

Sé que el SEÑOR siempre está conmigo; no seré sacudido, porque él está aquí a mi lado.

Salmos 16.8, NTV

79

GÓZATE EN MÍ SIEMPRE. DEJA QUE TU GENTILEZA sea conocida por todos. Yo estoy cerca. Gozarte en mí puede protegerte de la tentación de quejarte. Cuando tus circunstancias son estresantes es fácil que te vuelvas irritable. Pero deseo mostrarte gentileza, no irritabilidad. Esto es posible al grado en que encuentres gozo en mí. Debido a que yo soy *el mismo ayer, hoy y siempre, siempre* hay mucho de qué regocijarte.

Puedes estar gozoso sabiendo que *estoy cerca.* Cuando un hombre y una mujer están profundamente enamorados, a menudo sacan lo mejor de ellos. Simplemente estar cerca del amado puede calmar la irritación e incrementar la felicidad. Yo soy el amante que *siempre* está cerca, invisible; no obstante tiernamente presente. Una manera de hacerlo es agradecerme por mi presencia continua y mi amor constante. Cuando las circunstancias te estén ahogando, enfoca tu atención en mí y *considera mi gran amor* que tengo para ti. ¡Regocíjate!

*Regocijaos en el Señor siempre. Otra vez digo:
¡Regocijaos! Vuestra gentileza sea conocida de
todos los hombres. El Señor está cerca.*
—*Filipenses 4.4–5*

*En cambio, el fruto del Espíritu es amor,
alegría, paz, paciencia, amabilidad, bondad,
fidelidad, humildad y dominio propio. No hay
ley que condene estas cosas.*
—*Gálatas 5.22–23,* NTV

*Jesucristo es el mismo ayer, y hoy, y por los
siglos.* —*Hebreos 13.8*

*¿Quién es sabio y guardará estas cosas, y
entenderá las misericordias de Jehová?*
—*Salmos 107.43*

80

ESTÁS SIENDO TRANSFORMADO DE GLORIA EN gloria a mi imagen. Confía en que mi Espíritu realizará esta obra grande en ti. Ríndete a mis caminos, a mi sabiduría y a mi voluntad. Cuando la vida se torne difícil, no desperdicies esas circunstancias complicadas. Al contrario, pídeme que las utilice para transformarte cada vez más a mi imagen, ayudándote a convertirte en lo que realmente eres. Debes estar dispuesto a *participar en mis padecimientos de modo que también puedas participar en mi gloria.*

Aunque tus problemas puedan parecer pesados e interminables, en realidad son *ligeros y momentáneos,* comparados con la *gloria eterna* que te están procurando. Es por ello razonable y correcto agradecerme en los tiempos difíciles, alabarme por los problemas actuales. Esto tiene un doble propósito: cuando agradeces en medio de la adversidad —por lo que soy y lo que he hecho por ti—,soy glorificado. Y tu agradecimiento ayuda a traer un progreso a tu transformación *de gloria en gloria.*

Por tanto, nosotros todos, mirando a cara descubierta como en un espejo la gloria del Señor, somos transformados de gloria en gloria en la misma imagen, como por el Espíritu del Señor. —2 Corintios 3.18

Y si hijos, también herederos; herederos de Dios y coherederos con Cristo, si es que padecemos juntamente con él, para que juntamente con él seamos glorificados. —Romanos 8.17

Porque esta leve tribulación momentánea produce en nosotros un cada vez más excelente y eterno peso de gloria. —2 Corintios 4.17

Hablando entre vosotros con salmos, con himnos y cánticos espirituales, cantando y alabando al Señor en vuestros corazones; dando siempre gracias por todo al Dios y Padre, en el nombre de nuestro Señor Jesucristo. —Efesios 5.19–20

81

ACUÉRDATE DE MÍ EN TU LECHO; MEDITA EN MÍ en las vigilias de la noche. Cuando estás despierto durante la noche, los pensamientos pueden llegar a ti volando desde diferentes direcciones. A menos que te encargues de ellos, es probable que te sientas nervioso. Tu mejor estrategia es pensar en *mí* durante las vigilias de la noche. Comienza comunicándome lo que esté en tu mente. *Echa sobre mí toda tu ansiedad porque yo tengo cuidado de ti.* ¡Yo te estoy cuidando! Esto te permite relajarte y *regocijarte en la sombra de mis alas.*

Cuando me recuerdes durante la noche, piensa en quien soy realmente. Medita en mis perfecciones: mi amor, mi gozo y mi paz. Regocíjate en mi majestad, mi sabiduría, mi gracia y mi misericordia. Halla consuelo en mis nombres: Pastor, Salvador, Emanuel, Príncipe de paz. Asómbrate con mi poder y mi gloria, porque yo soy el Rey de reyes y Señor de señores. De esa manera me adoras y disfrutas mi presencia. Estos pensamientos acerca de mí te aclararán la mente, ayudándote a ver las cosas desde mi perspectiva, además refrescarán todo tu ser.

Cuando me acuerde de ti en mi lecho, cuando medite en ti en las vigilias de la noche.
—Salmos 63.6

Echando toda vuestra ansiedad sobre él, porque él tiene cuidado de vosotros. —1 Pedro 5.7

Porque has sido mi socorro, y así en la sombra de tus alas me regocijaré. —Salmos 63.7

Pelea la buena batalla de la fe, echa mano de la vida eterna, a la cual asimismo fuiste llamado [...] Te mando [...] que guardes el mandamiento sin mácula ni reprensión, hasta la aparición de nuestro Señor Jesucristo, la cual a su tiempo mostrará el bienaventurado y solo Soberano, Rey de reyes, y Señor de señores, el único que tiene inmortalidad, que habita en luz inaccesible; a quien ninguno de los hombres ha visto ni puede ver, al cual sea la honra y el imperio sempiterno. —1 Timoteo 6.12–16

82

CONFÍA EN MÍ EN LOS TIEMPOS DE CONFUSIÓN, cuando las cosas no tengan sentido y nada de lo que hagas parezca ayudar. Este tipo de confianza me deleita, porque sé que es real. Invítame a entrar en tus batallas, a estar siempre cerca de ti. Aunque parezca que los demás no entiendan en realidad lo que estás pasando, yo lo comprendo perfectamente. Halla consuelo sabiendo que no estás solo en tus batallas. *Yo estoy contigo, guardándote* continuamente.

Las pruebas a largo plazo pueden drenarte la energía y la esperanza, dificultando que confíes en mí. Pero te he dado un asombroso *Ayudador*, el Espíritu Santo, a quien nunca se le agota la fuerza. Puedes pedirle su ayuda, orando: «Yo confío en ti, Jesús; ayúdame, Espíritu Santo». En lugar de intentar resolver todos tus problemas, simplemente descansa en mi presencia. Confía en que hay un camino por delante, aunque no puedas verlo aún. Te estoy proporcionando un buen camino, aunque algunas veces sea agitado. Cuando el camino sea duro, aférrate más fuertemente a mí. *Cuando tu alma está apegada a mí, mi diestra te sostiene.*

He aquí, yo estoy contigo, y te guardaré por dondequiera que fueres, y volveré a traerte a esta tierra; porque no te dejaré hasta que haya hecho lo que te he dicho. —Génesis 28.15

Pero cuando venga el Consolador, a quien yo os enviaré del Padre, el Espíritu de verdad, el cual procede del Padre, él dará testimonio acerca de mí. —Juan 15.26

Está mi alma apegada a ti; tu diestra me ha sostenido. —Salmos 63.8

83

YO TE DOY PODER, *FORTALECIENDO TU INTERIOR* de modo que estés *listo para todo y a la altura de todo.* Es esencial que recuerdes que esta fuerza interior viene *a través de mí,* mediante tu conexión conmigo. Viene a ti conforme la necesites, cuando das pasos confiados de dependencia, avanzando con tus ojos puestos en mí. Esta promesa es un poderoso antídoto, especialmente cuando temes ser abrumado por las circunstancias que se avecinan. Pueden parecer sobrecogedoras, pero en mí estás en verdad *listo para todo y a la altura de todo.*

Desde luego, *ahora* no estás listo para toda situación imaginable. Yo controlo cuidadosamente lo que sucede en tu vida. Te estoy protegiendo constantemente de los peligros conocidos y los desconocidos. Y te proporciono fuerza, justo cuando la necesitas, para todo lo que permito que toque tu vida. Muchas de las cosas futuras que anticipas con ansiedad en realidad no te alcanzarán. Mi promesa es para las cosas que enfrentas en el presente y es suficiente. De manera que cuando estés sintiendo la presión del viaje cuesta arriba, convéncete de la verdad: «¡Todo lo puedo en Cristo que me fortalece!».

Pues todo lo puedo hacer por medio de Cristo, quien me da las fuerzas. —Filipenses 4.13, NTV

Permaneced en mí, y yo en vosotros. Como el pámpano no puede llevar fruto por sí mismo, si no permanece en la vid, así tampoco vosotros, si no permanecéis en mí. —Juan 15.4

*Jehová es mi fortaleza y mi escudo; en él confió mi corazón, y fui ayudado, por lo que se gozó mi corazón, y con mi cántico le alabaré.
—Salmos 28.7*

84

*AGUÁRDAME CON ESPERANZA; YO SOY TU AYUDA
y tu escudo.* Esperar no es una virtud en sí. Lo
importante es la *manera* en que esperas: de forma resignada e impaciente; o *con esperanza*,
manteniendo en mí tu enfoque. Un aspecto de
la esperanza es la expectación confiada. Cuando tu esperanza *por mí* es dominante, tienes
toda razón para estar confiado. He prometido
estar *contigo siempre, hasta el fin del mundo.*
Además, al final de los tiempos, regresaré con
glorioso poder para juzgar al mundo y establecer mi reino.

Mientras estás esperando, recuerda que *yo
soy tu ayuda y tu escudo.* Mi amor inagotable
garantiza que siempre estoy dispuesto a ayudarte. Accedes a esta ayuda amorosa mediante
tu confianza en mí. No importa lo que esté
sucediendo o cuan mal te sientas, ¡exprésame
tu confianza! Yo te he protegido de muchas
dificultades y continuaré protegiéndote. Por lo
tanto, pon tu confianza completamente en mí,
y la luz de mi presencia brillará en los tiempos
de espera.

Nuestra alma espera a Jehová; nuestra ayuda y nuestro escudo es él. —Salmos 33.20

Y Jesús se acercó y les habló diciendo: Toda potestad me es dada en el cielo y en la tierra. Por tanto, id, y haced discípulos a todas las naciones, bautizándolos en el nombre del Padre, y del Hijo, y del Espíritu Santo; enseñándoles que guarden todas las cosas que os he mandado; y he aquí yo estoy con vosotros todos los días, hasta el fin del mundo. —Mateo 28.18–20

Pero yo estoy como olivo verde en la casa de Dios; en la misericordia de Dios confío eternamente y para siempre. —Salmos 52.8

¡Yo soy tu Salvador resucitado que vive! Has nacido de nuevo a una esperanza viva mediante mi resurrección. Es vital que continúes teniendo esperanza, pese a lo que esté sucediendo en tu vida [...] Cuando las tormentas golpeen tu vida, solamente puedes encontrar una fuente de ayuda adecuada: ¡Yo!

JESUS LIVES

*Me digo: «El S*ᴇÑᴏʀ *es mi herencia, por lo tanto, ¡esperaré en él!».*

Lamentaciones 3.24, ɴᴛᴠ

85

BIENAVENTURADOS LOS POBRES EN ESPÍRITU, porque de ellos es el reino de los cielos. Por lo tanto, cuando estés completamente consciente de tu insuficiencia, ¡regocíjate! De eso se trata ser *pobres en espíritu.* El mundo aplaude la autosuficiencia, abundan librerías llenas de volúmenes diseñados para ayudarte a cumplir ese objetivo. Sin embargo, esta no es la manera de mi reino. Yo deseo que mis hijos reconozcan su completa dependencia de mí y se regocijen en ella.

Has sido salvado por gracia, por medio de la fe. ¡Tanto la gracia como la fe son regalos! Tu parte es ser receptivo y responder a estos gloriosos dones. La mejor respuesta es la gratitud, un corazón que derrame acción de gracias por todo lo que yo he hecho. Cuando el estrés de vivir en este mundo caído te ahogue, resiste la tentación de sentir lástima por ti mismo. En vez de eso, convéncete: «Yo soy bendecido y estoy agradecido; ¡y de camino *a la gloria!*».

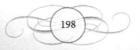

Bienaventurados los pobres en espíritu, porque de ellos es el reino de los cielos. —Mateo 5.3

Porque por gracia sois salvos por medio de la fe; y esto no de vosotros, pues es don de Dios. —Efesios 2.8

¡Gracias a Dios por su don inefable! —2 Corintios 9.15

Me has guiado según tu consejo, y después me recibirás en gloria. —Salmos 73.24

86

Yo soy la luz del mundo. Mis seguidores no andarán en tinieblas, sino que tendrán la luz de la vida. Aunque en este mundo haya mucha oscuridad, siempre puedes tener acceso a mí. Por ende, nunca estás completamente en tinieblas. El camino ante ti puede lucir oscuro, especialmente a medida que desaparece en el futuro. A ti te gustaría que estuviera lleno de luz, para que pudieras prevenir lo que viene después. Pero te digo: ¡yo soy suficiente! Yo estoy contigo y también estoy delante de ti, alumbrando el camino. Tu tarea es confiar en mí y seguir la luz que te proporciono. No importa cuán tenue pueda parecer, es suficiente para tu viaje de este día.

Un día estarás conmigo en el cielo y ahí verás mi luz en toda su gloria. Las tinieblas serán cosa del pasado y verás todo claramente. *No habrá allí más noche. No necesitarás luz de lámpara, ni luz de sol, porque yo te iluminaré,* ¡más de lo que puedas imaginarte! Vive cerca de mí y *tendrás la luz de la vida.*

Otra vez Jesús les habló, diciendo: Yo soy la luz del mundo; el que me sigue, no andará en tinieblas, sino que tendrá la luz de la vida.
—Juan 8.12

Mas la senda de los justos es como la luz de la aurora, que va en aumento hasta que el día es perfecto. —Proverbios 4.18

No habrá allí más noche; y no tienen necesidad de luz de lámpara, ni de luz del sol, porque Dios el Señor los iluminará; y reinarán por los siglos de los siglos. —Apocalipsis 22.5

87

YO SOY *TU PRONTO AUXILIO EN LA DIFICULTAD.* Mi presencia siempre está contigo, pero estoy *muy* presente en los tiempos de angustia. Debido a que eres miembro de la familia real —un ciuda- dano del reino celestial—, estoy comprometido a cuidarte. Durante los tiempos de estrés, tu cora- zón puede acelerarse y el nivel de tu adrenalina puede elevarse. Estos cambios psicológicos pue- den evitar que estés consciente de mi presencia. Por lo tanto, en esas ocasiones, es vital que te recuerdes esto a ti mismo: «Jesús está aquí conmi- go; de hecho, está *muy presente* en esta situación difícil». Luego, respira lenta y profundamente para que puedas relajarte lo suficiente, te conectes conmigo y saques fuerza de mí.

El relato bíblico tiene muchos ejemplos de mi fidelidad en los tiempos de dificultad. La historia mundial contiene la prueba de mi pre- sencia poderosa. No escucharás esto en las noti- cias seculares, pero continúo haciendo milagros en el mundo. Además, cuando mires tu vida en retrospectiva, verás muchas ocasiones en que satisface *tus* necesidades durante los tiempos difíciles. ¡Ya que soy un *pronto auxilio* puedes confiar en que te ayudaré ahora!

Dios es nuestro amparo y nuestra fortaleza,
nuestra ayuda segura en momentos de
angustia. —Salmos 46.1, NVI

Porque Jehová vuestro Dios secó las aguas del
Jordán delante de vosotros, hasta que habíais
pasado, a la manera que Jehová vuestro Dios lo
había hecho en el Mar Rojo, el cual secó
delante de nosotros hasta que pasamos.
—Josué 4.23

Y a aquel que es poderoso para guardaros sin
caída, y presentaros sin mancha delante de su
gloria con gran alegría, al único y sabio Dios,
nuestro Salvador, sea gloria y majestad,
imperio y potencia, ahora y por todos los siglos.
—Judas 1.24–25

88

ADÓRAME EN LA HERMOSURA DE LA SANTIDAD.
Hay una gran cantidad de belleza en tu mundo,
pero nadie es perfectamente santo. De manera
que *la hermosura de la santidad* es algo que
solamente conoces en parte, por ahora. Un día
conocerás por completo, incluso como eres cono-
cido. No obstante, ahora, la conciencia de mi
santidad estimula la adoración. Pensar en mi
perfección —impoluta de toda mancha de
pecado— te deleita y te llena de asombro. Te
invito a unirte a los ángeles a proclamar: «*San-*
to, santo, santo, Jehová de los ejércitos; toda la
tierra está llena de su gloria».

Adorarme te trasforma bastante, haciendo
que seas cada vez más lo que yo diseñé. La adoración genuina requiere de conocerme como
soy realmente. Tú no puedes comprenderme
perfecta y completamente, pero *sí puedes* intentar conocerme lo más realmente posible, como
soy revelado en la Biblia. Al profundizar tu
comprensión de mí, tú eres transformado y yo
soy glorificado, en hermosa adoración.

Dad a Jehová la gloria debida a su nombre; adorad a Jehová en la hermosura de la santidad. —Salmos 29.2

Ahora vemos por espejo, oscuramente; mas entonces veremos cara a cara. Ahora conozco en parte; pero entonces conoceré como fui conocido. —1 Corintios 13.12

Y el uno al otro daba voces, diciendo: Santo, santo, santo, Jehová de los ejércitos; toda la tierra está llena de su gloria. —Isaías 6.3

89

TE HE LLAMADO POR NOMBRE, ERES MÍO. No importa cuán apartado te sientas a veces, ¡me perteneces! Yo te he redimido al pagar toda la pena por tus pecados. *Nada puede separarte de mi presencia amorosa.* Te he llamado en la manera más personal: al acercarme a las circunstancias de tu vida, hablando a la complejidad de tu corazón y tu mente. Aunque tengo gran número de seguidores, para mí no eres un número. Yo siempre te hablo *por nombre.* De hecho, eres tan precioso para mí que *te tengo esculpido en las palmas de las manos.*

Cuando los eventos mundiales se arremolinen a tu alrededor y tu mundo personal parezca inestable, no dejes que tu mente se entretenga con esas cosas estresantes. Convéncete de la verdad: «Sí, este mundo está lleno de problemas, pero Jesús está conmigo y él tiene el control». Es el factor *«pero Jesús»* lo que hace toda la diferencia en tu vida. Cambia el tema de tus problemas a mi presencia muchas veces al día, susurrando: «Pero Jesús...» y buscándome.

*El que te formó, Israel: «No temas, que yo te he
redimido; te he llamado por tu nombre; tú eres
mío. —Isaías 43.1, NVI*

*Por lo cual estoy seguro de que ni la muerte, ni
la vida, ni ángeles, ni principados, ni
potestades, ni lo presente, ni lo por venir, ni lo
alto, ni lo profundo, ni ninguna otra cosa
creada nos podrá separar del amor de Dios, que
es en Cristo Jesús Señor nuestro.
—Romanos 8.38–39*

*He aquí que en las palmas de las manos te
tengo esculpida; delante de mí están siempre
tus muros. —Isaías 49.16*

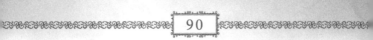

90

Yo, el Señor soberano, soy tu fuerza. Tú estás profundamente consciente de tu debilidad. Sabes que tu fuerza es insuficiente para controlar los diversos desafíos que enfrentas. Aunque se sienta incómodo, en realidad, es un lugar muy bendecido donde estar. Estar consciente de tu necesidad puede ayudarte a continuar acudiendo a mí, dejándome que *supla toda tu necesidad conforme a mis riquezas en gloria.*

Cuando te estés quedando sin energía, conéctate a mí: *tu fuerza.* Algunas veces derramo energía abundante sobre ti mientras pasas tiempo en mi presencia. Otras veces te lleno de fuerza poco a poco, dándote justo la fuerza suficiente para avanzar lentamente. Aunque la provisión abundante sea más dramática y satisfactoria, no te desanimes cuando decido darte solamente la fuerza suficiente para el momento. Esta puede ser una manera de mantenerte siempre cerca de mí en el camino de tu vida, apoyándote en mí. Esta cercanía te ayuda a escuchar mis susurros, los que te hablan de mi deleite en ti. Para escucharlos claramente, debes confiar en que yo, *el Señor soberano*, estoy encargado de tu vida y que tu viaje, aunque difícil, está lleno de bendición.

Jehová el Señor es mi fortaleza, el cual hace mis pies como de ciervas, y en mis alturas me hace andar. —Habacuc 3.19

Mi Dios, pues, suplirá todo lo que os falta conforme a sus riquezas en gloria en Cristo Jesús. —Filipenses 4.19

Alabanza y magnificencia delante de él; poder y gloria en su santuario. Tributad a Jehová, oh familias de los pueblos, dad a Jehová la gloria y el poder. —Salmos 96.6–7

Debemos aceptar la desilusión finita, pero nunca debemos perder la esperanza infinita.

Martin Luther King, hijo

*Tú, que me has hecho ver
muchas angustias y males,
volverás a darme vida [...]
Aumentarás mi grandeza, y
volverás a consolarme.*

Salmos 71.20–21

91

TE ESTOY LLAMANDO A QUE VIVAS DEPENDIENDO de mí con gozo. Mucha gente ve la dependencia como una condición despreciable, de manera que intentan ser tan autosuficientes como les sea posible. ¡Eso no es para ti! Te diseñé para que me necesites continuamente y para que te deleites en esa necesidad. Cuando vives en armonía con las intenciones que tu Creador tiene para ti, puedes maximizar tu potencial y disfrutar más la vida.

El apóstol Pablo exhortó a los cristianos a *estar siempre gozosos* y *orar sin cesar*. Siempre se puede encontrar gozo en mi presencia y he prometido que *no te dejaré ni te desampararé*. De modo que puedes hablar conmigo en todo tiempo, sabiendo que yo escucho y que me intereso. Orar continuamente es una manera de demostrar tu dependencia deliberada de mí, a quien oras. Otra manera poderosa de confiar en mí es estudiar mi Palabra, pidiéndome que la utilice para transformarte completamente. Estas disciplinas deleitosas te ayudan a vivir dependiendo de mí con gozo. *Deléitate en mí* cada vez más; esto incrementa tu gozo y me glorifica.

Estad siempre gozosos. Orad sin cesar.
—1 Tesalonicenses 5.16–17

Y Jehová va delante de ti; él estará contigo, no
te dejará, ni te desamparará; no temas ni te
intimides. —Deuteronomio 31.8

Con todo mi corazón te he buscado; no me
dejes desviarme de tus mandamientos. En mi
corazón he guardado tus dichos, para no pecar
contra ti. Bendito tú, oh Jehová; enséñame tus
estatutos. —Salmos 119.10–12

Deléitate asimismo en Jehová, y él te concederá
las peticiones de tu corazón. —Salmos 37.4

92

CAMINA A LA LUZ DE MI ROSTRO, ALÉGRATE EN mi nombre todo el día, enalteciendo mi justicia. Este mundo es cada vez más oscuro, pero la luz de mi presencia es tan brillante como siempre. De hecho, mi gloria resplandece más vívidamente contra el oscuro ambiente del mal. ¡Cuando la bondad de Cristo choque con la vileza terrenal, espera milagros! Esta colisión de opuestos espirituales crea las condiciones atmosféricas que conducen mis intervenciones poderosas.

No importa cuán difíciles puedan ser tus circunstancias, aún puedes *alegrarte en mi nombre*. La esencia de todo lo que soy se resume en esta palabra: *Jesús*. Puedes utilizar mi nombre como una oración susurrada, como una alabanza, como protección; y nunca pierde su potencia. Incluso en las situaciones más oscuras puedes *alegrarte* —regocijarte con júbilo— *¡en mi justicia!* Nada puede mancillar esta justicia que he entretejido en *vestiduras* brillantes *de salvación* para que las vistas para siempre. Es así como caminas en mi luz: haciendo un completo uso de mi nombre santo y vistiendo *el manto de justicia* con alegría.

*Bienaventurado el pueblo que sabe aclamarte;
andará, oh Jehová, a la luz de tu rostro. En tu
nombre se alegrará todo el día, y en tu justicia
será enaltecido.* —Salmos 89.15–16

*Por lo cual Dios también le exaltó hasta lo
sumo, y le dio un nombre que es sobre todo
nombre, para que en el nombre de Jesús se
doble toda rodilla de los que están en los cielos,
y en la tierra, y debajo de la tierra; y toda
lengua confiese que Jesucristo es el Señor, para
gloria de Dios Padre.* —Filipenses 2.9–11

*En gran manera me gozaré en Jehová, mi alma
se alegrará en mi Dios; porque me vistió con
vestiduras de salvación, me rodeó de manto de
justicia, como a novio me atavió, y como a
novia adornada con sus joyas.* —Isaías 61.10

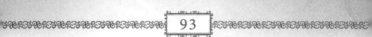

93

YO SOY ESCUDO DE TODOS LOS QUE SE REFUGIAN en mí. Por lo tanto, acércate a mí y colócate bajo el paraguas de mi presencia protectora.

A veces te sientes desprotegido y expuesto a peligros. Eso sucede cuando te sales de mi presencia protectora e intentas enfrentar solo al mundo. Lo haces inconscientemente cuando olvidas la verdad esencial de que yo estoy contigo. El temor que sientes en esas ocasiones puede alertarte en cuanto a lo que ha sucedido, el remedio es simple: *refúgiate en mí.* Protegerte de los daños es parte de mis tareas, porque *yo soy tu pastor.* Estoy alerta y sé exactamente lo que hay en el camino delante de ti. Yo prevengo las situaciones peligrosas y te preparo para ellas. Un pastor experto a menudo puede cuidar del peligro tan hábilmente que sus ovejas permanecen felizmente inconscientes de él. De manera que es sabio elegir cuidadosamente a quien seguirás: a tu «pastor». Yo soy el único *buen pastor.* Sígueme y sigue mis caminos; permíteme protegerte del peligro *y* del temor.

En cuanto a Dios, perfecto es su camino, y acrisolada la palabra de Jehová. Escudo es a todos los que en él esperan. —2 Samuel 22.31

Jehová es mi pastor; nada me faltará. En lugares de delicados pastos me hará descansar; junto a aguas de reposo me pastoreará. Confortará mi alma; me guiará por sendas de justicia por amor de su nombre. Aunque ande en valle de sombra de muerte, no temeré mal alguno, porque tú estarás conmigo; tu vara y tu cayado me infundirán aliento. —Salmos 23.1–4

Yo soy el buen pastor; el buen pastor su vida da por las ovejas [...] Yo soy el buen pastor; y conozco mis ovejas, y las mías me conocen, así como el Padre me conoce, y yo conozco al Padre; y pongo mi vida por las ovejas.
—Juan 10.11, 14–15

94

YO TE LLAMO *A QUE DIRIJAS LA VIDA QUE TE HE asignado* y a que tengas contentamiento. Ten cuidado con comparar tu situación con la de alguien más, y con sentirte insatisfecho por causa de la comparación. Además, es peligroso comparar tus circunstancias con lo que solían ser o con fantasías que tienen poca relación con la realidad. En vez de eso, esfuérzate por aceptar como tu *llamado* la vida que te he asignado. Esta perspectiva te ayuda a quitar el escozor incluso de las circunstancias más difíciles. Si te he llamado a una situación, te daré todo lo que necesites para soportarla, e incluso para que encuentres gozo en medio de ella.

Aprender a tener contentamiento es una disciplina y un arte: entrenas tu mente para que confíe en los caminos soberanos que tengo para ti, doblegándose ante mi misteriosa inteligencia infinita. Me buscas en los detalles de tu día, mientras esperas que algo bueno salga del problema y la confusión. Acepta la manera en que son las cosas sin perder la esperanza de un mejor futuro. ¡Y gózate en la esperanza del cielo, sabiendo que

tu llamado *supremo* es tener una vida indescrip-
tiblemente alegre!

*En cualquier caso, cada uno debe vivir
conforme a la condición que el Señor le asignó
y a la cual Dios lo ha llamado. Ésta es la
norma que establezco en todas las iglesias.
—1 Corintios 7.17, NVI*

*Sé vivir humildemente, y sé tener abundancia;
en todo y por todo estoy enseñado, así para
estar saciado como para tener hambre, así para
tener abundancia como para padecer
necesidad. —Filipenses 4.12*

*¡Oh profundidad de las riquezas de la
sabiduría y de la ciencia de Dios! ¡Cuán
insondables son sus juicios, e inescrutables sus
caminos! Porque ¿quién entendió la mente del
Señor? ¿O quién fue su consejero? ¿O quién le
dio a él primero, para que le fuese
recompensado? Porque de él, y por él, y para él,
son todas las cosas. A él sea la gloria por los
siglos. —Romanos 11.33–36*

95

YO LE DOY FUERZA A MI PUEBLO; BENDIGO A MI pueblo con paz. «Mi pueblo» son aquellos que confían en mí como su Dios Salvador. Mi muerte en la cruz por tus pecados fue suficiente para proporcionarte *vida eterna,* porque yo soy el Dios verdadero. Por lo tanto, descansa seguro de que quien proporciona la vida eterna también te dará fuerza.

Cuando te estés sintiendo débil, no pierdas energía preocupándote si puedes lidiar con los desafíos que enfrentas. Yo sé mejor que tú lo que hay en el camino, y estoy listo para ayudarte a cada paso del mismo. Al haberte comprado con mi propia sangre, tengo un enorme interés personal en ti.

Debido a que eres mío, deseo bendecirte con mi paz. La paz que puedo darte *no es como el mundo la da;* puede coexistir con las situaciones más difíciles, porque es trascendente. Se erige por sobre tus circunstancias y tu inteligencia, ¡y también te puede levantar a *ti*!

Jehová dará poder a su pueblo; Jehová bendecirá a su pueblo con paz. —Salmos 29.11

Porque de tal manera amó Dios al mundo, que ha dado a su Hijo unigénito, para que todo aquel que en él cree, no se pierda, mas tenga vida eterna. —Juan 3.16

La paz os dejo, mi paz os doy; yo no os la doy como el mundo la da. No se turbe vuestro corazón, ni tenga miedo. —Juan 14.27

Y la paz de Dios, que sobrepasa todo entendimiento, guardará vuestros corazones y vuestros pensamientos en Cristo Jesús. —Filipenses 4.7

96

TE ENCUENTRAS EN UN CAMINO DE AVENTURA conmigo. No es un momento fácil, no obstante es seguro; está lleno de bendiciones así como de luchas. Prepárate para aprender todo lo que deseo enseñarte mientras viajas por este terreno desafiante. Y disponte a soltar la comodidad familiar para que puedas decirle un sincero «¡Sí!» a esta aventura.

Yo te daré todo lo que necesites para lidiar con los desafíos que enfrentes. No pierdas energía proyectándote hacia el futuro, intentando caminar por aquellos momentos en que tu mente dice «todavía no». Esta es una forma de incredulidad. Yo tengo recursos ilimitados para proporcionarte lo que necesitas, incluyendo un vasto ejército de ángeles que están a mi disposición.

Ora sin cesar a medida que tomes decisiones acerca de este viaje. Yo puedo ayudarte a tomar decisiones sabias, porque lo sé todo, incluso lo que está por venir en tu camino. Tu mente hace varios planes acerca de tu camino, pero yo soy quien *dirige y afirma tus pasos.*

Las cosas secretas pertenecen a Jehová nuestro Dios; mas las reveladas son para nosotros y para nuestros hijos para siempre, para que cumplamos todas las palabras de esta ley.
—Deuteronomio 29.29

Pues a sus ángeles mandará acerca de ti, que te guarden en todos tus caminos. En las manos te llevarán, para que tu pie no tropiece en piedra.
—Salmos 91.11–12

Orad sin cesar. —1 Tesalonicenses 5.17

El corazón del hombre traza su rumbo, pero sus pasos los dirige el Señor.
—Proverbios 16.9, NVI

Nuestra esperanza no está pendiendo de un hilo que puede llamarse «me imagino» o «es probable» [...] Nuestra salvación está sujeta a la misma mano de Dios, y nuestra fortaleza en Cristo a la inmutable naturaleza divina.

Samuel Rutherford

Yo soy el Señor y no cambio.

Malaquías 3.6, ntv

97

¡Continúa concentrándote en mí! *Yo siempre estoy pensando en ti y cuidando todo cuanto te concierne.* Sin embargo, eres solamente humano y a veces me perderás de vista. Yo sé cuan difícil te es estar concentrado en mí, especialmente cuando estás sintiéndote débil y cansado. Por lo tanto, concédete gracia cuando te des cuenta de que tu mente y tu corazón se han alejado de mí. Y no desperdicies tiempo para regresar a mí adorándome con el pensamiento, de palabra y con cantos. Incluso susurrar mi nombre —con reverencia y con amor— puede ser adoración.

Dame todas tus preocupaciones y tu ansiedad. Esto puede lucir fácil, pero no lo es; estás acostumbrado a que los pensamientos preocupantes merodeen libremente en tu cerebro. Debes entrenarte para traer todas tus ansiedades a mi presencia, confiando en que yo te ayudaré. Recuerda que nunca estás solo en tus luchas, *siempre* estoy al tanto de ti y de tus circunstancias. Yo puedo ayudarte porque *tengo toda potestad en el cielo y en la tierra.* Cuando vengas a mi presencia, deja todas tus preocupaciones y ansiedades, para que puedas asirte de mí con la confianza de un niño.

Pongan todas sus preocupaciones y ansiedades en las manos de Dios, porque él cuida de ustedes. —1 Pedro 5.7, NTV

Y Jesús se acercó y les habló diciendo: Toda potestad me es dada en el cielo y en la tierra. —Mateo 28.18

En aquel tiempo los discípulos vinieron a Jesús, diciendo: ¿Quién es el mayor en el reino de los cielos? Y llamando Jesús a un niño, lo puso en medio de ellos, y dijo: De cierto os digo, que si no os volvéis y os hacéis como niños, no entraréis en el reino de los cielos. Así que, cualquiera que se humille como este niño, ése es el mayor en el reino de los cielos. —Mateo 18.1–4

98

MI AMOR INAGOTABLE ES TU «COMBUSTIBLE», tu mejor fuente de energía. Esta gloriosa fuente de fuerza no tiene límites, por ende, siempre está disponible en abundancia. Tiendes a enfocarte bastante en tu salud y tu energía. Existe un lugar para tales preocupaciones, pero estas pueden ocupar cada vez más tus pensamientos. Cuando estás preocupado por la condición de tu cuerpo, yo me deslizo del centro de tu mente hacia la periferia. En tales ocasiones, eres incapaz de recibir mucha ayuda de mí. El remedio es arrepentirte rápidamente, virando del pensamiento obsesivo y dirigiéndote sinceramente hacia mí.

Entre más esté tu enfoque en mí, más acceso tendrás a mi amor inagotable. Esta fuente sobrenatural de energía fluye libremente a través de ti, a medida que recurres a mí con confianza. No solamente incrementa tu nivel de energía, también proporciona una senda para que yo ame a otras personas *a través de ti.* Por lo tanto, deja que mi amor ilimitado te dé fuerza y te dé poder, mientras vas por el camino de tu vida cerca de mí.

El ama justicia y juicio; de la misericordia de Jehová está llena la tierra. —Salmos 33.5

Regocijaos en el Señor siempre. Otra vez digo: ¡Regocijaos! —Filipenses 4.4

Para lo cual también trabajo, luchando según la potencia de él, la cual actúa poderosamente en mí. —Colosenses 1.29

Todo aquel que confiese que Jesús es el Hijo de Dios, Dios permanece en él, y él en Dios. Y nosotros hemos conocido y creído el amor que Dios tiene para con nosotros. Dios es amor; y el que permanece en amor, permanece en Dios, y Dios en él. —1 Juan 4.15–16

99

TENGO BUENOS PLANES PARA TI: TE OFREZCO *esperanza y futuro*. Muchas personas le temen al futuro, pero finalmente el tuyo es glorioso, ¡más de lo que puedas imaginar! Saber que estás de camino al cielo es inmensamente importante para tu bienestar. Esta verdad puede ayudarte todos los días, a cada momento de tu vida. Aunque tu residencia en el cielo sea futura, la luz celestial trasciende el tiempo y brilla sobre ti en el presente.

Debido a que pagué la pena de tus pecados, yo soy tu esperanza, nunca te decepcionaré. No importa lo que esté sucediendo en tu vida, aun es sensato *tener esperanza en mí*. Si persistes en confiar en mí sin importar lo que suceda, *aún habrás de alabarme por la ayuda de mi presencia*. Además, puedes anticipar, por medio de la fe, la bendición que está delante de ti y comenzar a alabarme incluso en la oscuridad. Mientras continúas buscándome con esperanza, mi luz celestial brilla más en tu corazón. ¡Esta es *la iluminación del conocimiento de mi gloria*!

*Porque yo sé los pensamientos que tengo acerca
de vosotros, dice Jehová, pensamientos de paz,
y no de mal, para daros el fin que esperáis.
—Jeremías 29.11*

*¿Por qué voy a inquietarme? ¿Por qué me voy a
angustiar? En Dios pondré mi esperanza y
todavía lo alabaré. —Salmos 42.5, NVI*

*Porque Dios, que mandó que de las tinieblas
resplandeciese la luz, es el que resplandeció en
nuestros corazones, para iluminación del
conocimiento de la gloria de Dios en la faz de
Jesucristo. —2 Corintios 4.6*

100

EL MUNDO ABUNDA EN COSAS NEGATIVAS EN qué pensar. A veces los problemas —los tuyos y los de los demás— parecen gritar para llamar tu atención. Pueden ocupar cada vez más tu pensamiento, provocando que *tu alma se canse hasta desmayar.* Pero recuerda: puedes *decidir* el tema de tus pensamientos. Clama a mí y yo te ayudaré. Voltea hacia mí, permitiendo que mi luz brille sobre ti.

No te venzas con las malas decisiones que has tomado en el pasado. Y no dejes que las decisiones pasadas definan lo que eres en el presente. Cada momento te proporciona una oportunidad fresca para acercarte a mí y disfrutar mi presencia. Una manera de hacerlo es orar: «Jesús, decido buscarte a *ti* en medio de mis problemas». Niégate a desanimarte, incluso si tienes que decirlo cien veces al día. *En este mundo tendrás aflicción. ¡Pero confía! Yo he vencido al mundo.* Puedes encontrar paz en mí.

Considerad a aquel que sufrió tal contradicción de pecadores contra sí mismo, para que vuestro ánimo no se canse hasta desmayar.
—Hebreos 12.3

Este pobre clamó, y le oyó Jehová, y lo libró de todas sus angustias. El ángel de Jehová acampa alrededor de los que le temen, y los defiende.
—Salmos 34.6–7

Estas cosas os he hablado para que en mí tengáis paz. En el mundo tendréis aflicción; pero confiad, yo he vencido al mundo.
—Juan 16.33

101

Dedica tiempo para *meditar en mi amor inagotable. Porque yo soy tu Dios eternamente y para siempre; y te guiaré hasta el fin.* Pídele al Espíritu Santo que te ayude a meditar en mi amorosa presencia, que lleve tu mente de vuelta a mí cuando se desvíe. Anímate con las palabras del patriarca Jacob: «*Ciertamente el Señor está en este lugar*». Alégrate de que soy tu Dios para siempre: hoy, mañana y por toda la eternidad.

Yo también soy tu guía. Es fácil que el futuro te asuste cuando olvidas que yo estoy dirigiendo cada paso de tu vida. Desde que confiaste en mí como Salvador, mi presencia que te guía ha estado a tu disposición. Te estoy entrenando para que cada vez estés más consciente de mí mientras llevas a cabo tus actividades diarias. Puedes acercarte a mí en todo momento, con solo susurrar mi nombre. Luego, cuando tengas más tiempo, tráeme tu *oración y ruego con acción de gracias.* Relájate en la maravillosa seguridad de que yo soy *tu guía hasta el fin.*

Nos acordamos de tu misericordia, oh Dios, en medio de tu templo. Conforme a tu nombre, oh Dios, así es tu loor hasta los fines de la tierra; de justicia está llena tu diestra [...] Porque este Dios es Dios nuestro eternamente y para siempre; él nos guiará aun más allá de la muerte. —Salmos 48.9–10, 14

Y despertó Jacob de su sueño, y dijo: Ciertamente Jehová está en este lugar, y yo no lo sabía. —Génesis 28.16

Por nada estéis afanosos, sino sean conocidas vuestras peticiones delante de Dios en toda oración y ruego, con acción de gracias. Y la paz de Dios, que sobrepasa todo entendimiento, guardará vuestros corazones y vuestros pensamientos en Cristo Jesús.
—Filipenses 4.6–7

102

Yo te estoy cuidando. Sé cuan difícil es creer cuando las condiciones que te están apesadumbrando empeoran en lugar de mejorar. Es fácil sentir como si yo te estuviera decepcionando, como si en realidad no me importara lo que estás pasando. Tú sabes que yo podría cambiar tus circunstancias instantáneamente, no puedes comprender por qué parece que no respondo tus oraciones. Pero te repito: *estoy* cuidándote.

Para estar consciente de mi presencia, necesitas relajarte y dejar de intentar controlar las cosas. Deja tus esfuerzos inútiles pensando en una salida tus problemas. Regresa a mis brazos fuertes con un suspiro de confianza. *Quédate quieto* y simplemente disfruta estar en mi presencia. Aunque haya muchas cosas que no comprendas, puedes descansar en mi amor inagotable. Este amor es independiente de todas las circunstancias y nunca te será quitado.

Aunque mis caminos puedan ser misteriosos e insondables, mi amor es perfecto y eterno. *Espera en mí*, recordando que yo soy *tu Dios Salvador.*

Humillaos, pues, bajo la poderosa mano de Dios, para que él os exalte cuando fuere tiempo; echando toda vuestra ansiedad sobre él, porque él tiene cuidado de vosotros.
—1 Pedro 5.6–7

«Quédense quietos, reconozcan que yo soy Dios. ¡Yo seré exaltado entre las naciones! ¡Yo seré enaltecido en la tierra!».
—Salmos 46.10, NVI

Y él dijo: Mi presencia irá contigo, y te daré descanso. —Éxodo 33.14

Mas yo a Jehová miraré, esperaré al Dios de mi salvación; el Dios mío me oirá. —Miqueas 7.7

No mires tu esperanza,
mira a Cristo, la fuente
de tu esperanza.

Charles Spurgeon

Bendito el varón que confía en Jehová, y cuya confianza es Jehová. Porque será como el árbol plantado junto a las aguas, que junto a la corriente echará sus raíces, y no verá cuando viene el calor, sino que su hoja estará verde; y en el año de sequía no se fatigará, ni dejará de dar fruto.

Jeremías 17.7–8

103

PUEDES *GLORIARTE EN TUS TRIBULACIONES*, porque yo sé que *la tribulación produce paciencia; y la paciencia, prueba; y la prueba, esperanza*. Los problemas que te causan dolor pueden finalmente incrementar tu esperanza. Sin embargo, eso no sucede automáticamente. Tienes que cooperar con mi Espíritu a medida que él te guíe por los tiempos de tribulación.

La paciencia es algo extraño hoy. La mayoría de las personas buscan y anhelan una dosis rápida. Pero la adversidad persistente —aceptada con confianza en mí— desarrolla un carácter como el de Cristo. Eso te prepara para una vida eterna sin problemas conmigo. Tu carácter transformado te bendecirá a ti y a los demás en *este* mundo también, porque te formé a mi imagen para que fueras como yo.

Entre más te vuelvas como yo, más podrás experimentar la esperanza. Tu carácter transformado te convence de que realmente me perteneces. Eso te ayuda a lidiar con los problemas que enfrentas, confiando en que tú y yo *juntos* podemos encargarnos de ellos. Y la maravillosa esperanza del cielo brilla sobre ti diariamente, fortaleciéndote y animándote.

Y no sólo esto, sino que también nos gloriamos en las tribulaciones, sabiendo que la tribulación produce paciencia; y la paciencia, prueba; y la prueba, esperanza; y la esperanza no avergüenza; porque el amor de Dios ha sido derramado en nuestros corazones por el Espíritu Santo que nos fue dado.
—Romanos 5.3–5

Si me amáis, guardad mis mandamientos. Y yo rogaré al Padre, y os dará otro Consolador, para que esté con vosotros para siempre: el Espíritu de verdad, al cual el mundo no puede recibir, porque no le ve, ni le conoce; pero vosotros le conocéis, porque mora con vosotros, y estará en vosotros. —Juan 14.15–17

Todo lo puedo en Cristo que me fortalece.
—Filipenses 4.13

104

Suelta tus problemas lo suficiente para que puedas mirarme. Imagínate parado a la orilla del mar, en una playa llena de piedritas. Las piedritas representan los problemas: los tuyos, los de tu familia, de tus amigos, del mundo. Al recoger esas pequeñas piedras y acercarlas a tus ojos, examinando sus detalles, la gran panorámica que hay a tu alrededor se oscurece. Normalmente, tan pronto como bajas una piedrita-problema, levantas otra. Por lo tanto, no logras disfrutar la belleza de mi presencia ni recibir mi ayuda.

El océano me representa a *mí*, infinitamente glorioso y continuamente presente contigo. Y te estoy llamando a dejar todas las piedritas un momento, para que puedas sentir mi presencia y recibir *mi amor inagotable*. Acércate a mí en oración: «Te elijo a *ti*, Jesús. Decido verte —encontrarte— a ti en este momento». Practica esto hasta que se vuelva un hábito; un hábito deleitoso que te mantendrá cerca de mí en *la senda de la vida*.

Por tanto, hermanos santos, participantes del llamamiento celestial, considerad al apóstol y sumo sacerdote de nuestra profesión, Cristo Jesús. —Hebreos 3.1

El ama justicia y juicio; de la misericordia de Jehová está llena la tierra. —Salmos 33.5

Por la fe dejó [Moisés] a Egipto, no temiendo la ira del rey; porque se sostuvo como viendo al Invisible. —Hebreos 11.27

Me mostrarás la senda de la vida; en tu presencia hay plenitud de gozo; delicias a tu diestra para siempre. —Salmos 16.11

105

Yo soy Emanuel —*Dios contigo*—, y ¡soy suficiente! Cuando las cosas marchan con fluidez en tu vida, es fácil confiar en mi suficiencia. Sin embargo, cuando te encuentres en tiempos difíciles —uno tras otro, tras otro—, posiblemente sientas que mi provisión es insuficiente. Es entonces cuando tu mente tiende a ir a toda velocidad, obsesionándote por la manera de mejorar las cosas. No hay nada malo en buscar soluciones, pero la solución de problemas puede volverse una adicción: tu mente da vueltas con tantos planes y posibilidades que te confundes y te agotas.

Para protegerte de ese agotamiento mental, necesitas recordarte que *yo estoy contigo siempre,* cuidándote. Es posible *gozarte en mí* —proclamar mi suficiencia—, incluso en los tiempos más difíciles. Esta es una obra sobrenatural, conferida por mi Espíritu que vive en ti. Además, es una decisión que tomas día a día, momento a momento. ¡Decide *gozarte en mí, tu Salvador,* porque yo soy suficiente!

Y dará a luz un hijo, y llamarás su nombre
Jesús, porque él salvará a su pueblo de sus
pecados. Todo esto aconteció para que se
cumpliese lo dicho por el Señor por medio del
profeta, cuando dijo: He aquí, una virgen
concebirá y dará a luz un hijo, y llamarás su
nombre Emanuel, que traducido es: Dios con
nosotros. —Mateo 1.21–23

[Vayan y hagan discípulos] Enseñándoles que
guarden todas las cosas que os he mandado; y
he aquí yo estoy con vosotros todos los días,
hasta el fin del mundo. —Mateo 28.20

Aunque la higuera no florezca, ni en las vides
haya frutos, aunque falte el producto del olivo,
y los labrados no den mantenimiento, y las
ovejas sean quitadas de la majada, y no haya
vacas en los corrales; con todo, yo me alegraré
en Jehová, y me gozaré en el Dios de mi
salvación. —Habacuc 3.17–18

106

SUJÉTATE A LA ESPERANZA QUE TE OFREZCO Y llénate de consolación. La esperanza del cielo es tu derecho de nacimiento como cristiano. Demasiadas bendiciones fluirán de esa promesa gloriosa a tu vida presente en este mundo. Sin embargo, observa que *sujetar* es un verbo activo, lo cual requiere esfuerzo de tu parte. Como enseñó el apóstol Pablo, necesitas *proseguir a la meta* y *vivir en aquello a que has llegado.* Esto requiere que te esfuerces, aferrándote a la esperanza celestial de la cual fluyen muchas bendiciones.

Una de esas bendiciones es el ánimo. *Sé fuertemente consolado,* esa es una forma pasiva del verbo. Recibes consuelo como un don gratuito que viene de mí cuando haces el esfuerzo de asirte de tu esperanza, enfocándote en lo que *ya* he hecho (morí por tus pecados), lo que *estoy* haciendo (vivir por ti), y lo que *haré* (llevarte a tu hogar celestial). Me encanta darte buenas dádivas en proporciones generosas. Por lo tanto, aférrate a mi esperanza, amado, y serás *fuertemente* consolado.

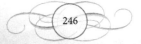

Para que por dos cosas inmutables, en las cuales es imposible que Dios mienta, tengamos un fortísimo consuelo los que hemos acudido para asirnos de la esperanza puesta delante de nosotros. —Hebreos 6.18

Prosigo a la meta, al premio del supremo llamamiento de Dios en Cristo Jesús. Así que, todos los que somos perfectos, esto mismo sintamos; y si otra cosa sentís, esto también os lo revelará Dios. Pero en aquello a que hemos llegado, sigamos una misma regla, sintamos una misma cosa. —Filipenses 3.14–16

Con Cristo estoy juntamente crucificado, y ya no vivo yo, mas vive Cristo en mí; y lo que ahora vivo en la carne, lo vivo en la fe del Hijo de Dios, el cual me amó y se entregó a sí mismo por mí. —Gálatas 2.20

247

107

T℮ ᴘᴇʀᴍɪᴛᴏ *ᴇꜱᴛᴀʀ ꜰɪʀᴍᴇ ꜱᴏʙʀᴇ ᴛᴜꜱ ᴀʟᴛᴜʀᴀꜱ,* para que andes en la gloria de mi presencia. Posiblemente sientas como si apenas pudieras dar el siguiente paso en este viaje cuesta arriba. Al mirar hacia delante, ves los riscos que parecen imposibles de escalar. *Con todo, yo siempre estoy contigo, tomándote de la mano derecha. Yo te guío según mi consuelo,* ayudándote a encontrar la mejor manera de escalar esas alturas.

Aunque te encuentres en un viaje difícil —a veces extenuante— conmigo, es mucho más que una prueba de resistencia. ¡El hecho de que yo esté contigo puede infundirte gozo en el ascenso más empinado! Busca todas las gracias que te he preparado y toma tiempo para disfrutar de tu compañero.

Posiblemente pienses que «tus alturas» se refiere a la cima de la montaña que estás escalando. Pero si te detienes y miras cuan lejos has llegado, te darás cuenta de que ya estás en un lugar alto. Por lo tanto, relájate un poco y mírame con amor. ¡La gloria de mi presencia está a tu alrededor!

Jehová el Señor es mi fortaleza, el cual hace mis pies como de ciervas, y en mis alturas me hace andar. —Habacuc 3.19

Con todo, yo siempre estuve contigo; me tomaste de la mano derecha. Me has guiado según tu consejo, y después me recibirás en gloria. —Salmos 73.23–24

Vi yo al Señor sentado sobre un trono alto y sublime, y sus faldas llenaban el templo. Por encima de él había serafines; cada uno tenía seis alas; con dos cubrían sus rostros, con dos cubrían sus pies, y con dos volaban. Y el uno al otro daba voces, diciendo: Santo, santo, santo, Jehová de los ejércitos; toda la tierra está llena de su gloria. —Isaías 6.1–3

108

REPOSA SOLAMENTE EN MÍ, QUERIDO; DE MÍ ES tu esperanza. Tu mente está inquieta; anda a prisa continuamente, rara vez se toma tiempo para estar en paz. Escucha y me oirás decir: «*Ven a mí*». Yo soy el único lugar de descanso para tu mente que en verdad te satisfará y te fortalecerá. Dedica tiempo —aparta tiempo— para dirigir hacia mí tus pensamientos. Susurra mi nombre y espera en mi presencia sagrada. Tú eres *tierra santa*. Eso refresca no solamente tu mente, sino también tu alma.

La verdadera esperanza viene de mí. La falsa proviene de muchas fuentes, incluyendo la publicidad persuasiva. Pídeme que te dé discernimiento a medida que buscas caminar por la senda de esperanza. Muchas voces te llaman: «¡Por acá!». No te engañes, aprende a ser sabio y estar alerta cuando intentes procesar toda la información que te llama a gritos. Libérate de la sobrecarga de información, concentrando en mí tus pensamientos. La verdadera esperanza crece en ti a medida que descansas en mi presencia pacificadora.

Alma mía, en Dios solamente reposa, porque de él es mi esperanza. —Salmos 62.5

Venid a mí todos los que estáis trabajados y cargados, y yo os haré descansar. Llevad mi yugo sobre vosotros, y aprended de mí, que soy manso y humilde de corazón; y hallaréis descanso para vuestras almas.
—Mateo 11.28–29

Entonces Moisés dijo: Iré yo ahora y veré esta grande visión, por qué causa la zarza no se quema. Viendo Jehová que él iba a ver, lo llamó Dios de en medio de la zarza, y dijo: ¡Moisés, Moisés! Y él respondió: Heme aquí. Y dijo: No te acerques; quita tu calzado de tus pies, porque el lugar en que tú estás, tierra santa es.
—Éxodo 3.3–5

He aquí, yo os envío como a ovejas en medio de lobos; sed, pues, prudentes como serpientes, y sencillos como palomas. —Mateo 10.16

Qué base de esperanza y confianza tan excelente tenemos cuando reflexionamos —en oración— sobre estas tres cosas: ¡el amor del Padre, el mérito del Hijo y el poder del Espíritu!

Thomas Manton

Y el Dios de paz que resucitó de los muertos a nuestro Señor Jesucristo, el gran pastor de las ovejas, por la sangre del pacto eterno, os haga aptos en toda obra buena para que hagáis su voluntad, haciendo él en vosotros lo que es agradable delante de él por Jesucristo; al cual sea la gloria por los siglos de los siglos.

—Hebreos 13.20–21

109

Yo HE HECHO GRANDES COSAS POR TI, POR LO tanto, permíteme llenarte de mi gozo. Dedica suficiente tiempo para reflexionar en todo lo que he hecho por ti. Gózate en mi bondad y mi grandeza evocando mis obras maravillosas. Descansa en la intimidad de mi presencia, relájate en mis *brazos eternos.* Anhelo llenarte de gozo, pero tú debes colaborar conmigo en este proceso.

No seas como un niño consentido en Navidad, que abre apresuradamente todos sus regalos y luego dice: «¿Es todo?». ¡Cada día es un regalo precioso de mi parte! *Búscame* antes de que termine este y seguro que me encontrarás. Yo estoy presente no solo en las cosas agradables, sino también en las circunstancias indeseables. Mi gozo es suficiente en todas las situaciones y lo ajusto a tu necesidad. Cuando las cosas te están saliendo bien, mi gozo intensifica tu deleite. Cuando encuentras cosas difíciles, yo te doy un gozo profundo e intenso que te lleva a asirte de mí para obtener ayuda. Recibir mi gozo requiere no solamente de tiempo, sino también de valentía.

Grandes cosas ha hecho Jehová con nosotros;
estaremos alegres. —Salmos 126.3

El eterno Dios es tu refugio, y acá abajo los brazos
eternos; el echó de delante de ti al enemigo, y dijo:
Destruye. —Deuteronomio 33.27

Y me buscaréis y me hallaréis, porque me
buscaréis de todo vuestro corazón.
—Jeremías 29.13

En lo cual vosotros os alegráis, aunque ahora
por un poco de tiempo, si es necesario, tengáis
que ser afligidos en diversas pruebas, para que
sometida a prueba vuestra fe, mucho más
preciosa que el oro, el cual aunque perecedero
se prueba con fuego, sea hallada en alabanza,
gloria y honra cuando sea manifestado
Jesucristo, a quien amáis sin haberle visto, en
quien creyendo, aunque ahora no lo veáis, os
alegráis con gozo inefable y glorioso.
—1 Pedro 1.6–8

110

MI OJO ESTÁ SOBRE AQUELLOS QUE ESPERAN EN mi misericordia. Para disfrutar la vida abundante es esencial que tengas esperanza. Sin embargo, mucha gente se deja llevar por falsas esperanzas y se encuentra cada vez más desilusionado con el pasar de los años. De manera que te insto a que elijas bien el objeto de tu esperanza. La mejor elección es: *mi amor inagotable.* Desde el momento en que confiaste en mí por primera vez como Salvador, nada —ni *la muerte, ni la vida, ni las cosas ni presentes ni lo por venir— pueden separarte de este amor.*

Cuando sigues mis directrices divinas puedes disfrutar de la paz de mi presencia. Yo estoy por doquier y veo todo, pero mi ojo está *especialmente* sobre aquellos que esperan en mí. Ellos siempre son preciosos para mí y yo los guardo vigilantemente. Eso no significa que los escude de toda adversidad. Significa que los bendigo con mi cercanía en todo tiempo, en los buenos y en los malos.

Por lo tanto, continúa poniendo tu esperanza en mi amor perfecto. Búscame en tus

momentos de dificultad, ¡porque mi ojo ciertamente está sobre ti!

He aquí el ojo de Jehová sobre los que le temen,
sobre los que esperan en su misericordia.
—Salmos 33.18

Por lo cual estoy seguro de que ni la muerte, ni
la vida, ni ángeles, ni principados, ni
potestades, ni lo presente, ni lo por venir, ni lo
alto, ni lo profundo, ni ninguna otra cosa
creada nos podrá separar del amor de Dios, que
es en Cristo Jesús Señor nuestro.
—Romanos 8.38–39

Y el mismo Señor de paz os dé siempre paz en
toda manera. El Señor sea con todos vosotros.
—2 Tesalonicenses 3.16

111

¡Yo me deleito en ti! Sé que te cuesta trabajo recibir esta bendición; está basada en el amor incondicional que siento por todos mis seguidores. Te amo más de lo que puedes comprender, por lo tanto, relájate a la luz de mi presencia y dedica tiempo para sumergirte en este amor luminoso. Relájate conmigo y escucha mientras yo *me regocijo en ti con cántico*.

Vivir en un mundo caído es un desafío constante. A tu alrededor, así como en tu interior, hay quebranto. A cada momento, puedes elegir enfocarte en lo malo o *buscar mi rostro* y disfrutar de mi aprobación. Incluso en medio de las actividades importantes puedes pronunciar esta breve oración: «Yo *te* busco, Jesús».

Recuerda que mi deleite en ti se basa en mi obra consumada en la cruz. Por lo tanto, no caigas en la trampa de intentar ganarte mi amor. En vez de eso, vive como quien eres de verdad —mi amado—, y deja que tu gratitud te mantenga cerca de mí, dispuesto a seguirme a donde te lleve. ¡Yo me deleito en ti!

*Jehová está en medio de ti, poderoso, él salvará;
se gozará sobre ti con alegría, callará de amor,
se regocijará sobre ti con cánticos.*
—Sofonías 3.17

*Mi corazón ha dicho de ti: Buscad mi rostro. Tu
rostro buscaré, oh Jehová. —Salmos 27.8*

*Que el SEÑOR sonría sobre ti y sea compasivo
contigo. Que el SEÑOR te muestre su favor y te
dé su paz. —Números 6.25–26, NTV*

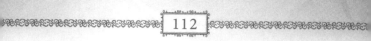

112

ESPERA EN MÍ, PORQUE AÚN HAS DE ALABARME para que mi presencia te ayude. Algunas veces, especialmente cuando te estás sintiendo abatido o trastornado, es difícil continuar esperando en mí. En tales ocasiones es importante recordar que la esperanza cristiana es mucho más que un sentimiento. Es confianza en mí: en quien yo soy (tu Dios Salvador) y en lo que he prometido hacer (recibirte en la gloria eterna).

La ayuda de mi presencia es una constante en tu vida, pero no siempre estás dispuesto a recibirla. Yo te estoy capacitando para ejercitar tu confianza y tu esperanza en mí, al alabarme a pesar de tus sentimientos. ¡Vendrá el día en que estalles espontáneamente en cantos de adoración, alabándome con júbilo por mi presencia gloriosa! Sin embargo, cuando te gozas en mí durante los tiempos de tristeza sucede una cosa: tus palabras de esperanza y confianza te levantan por sobre tus circunstancias. Esto afirma tus pies en un camino más alto de gratitud, donde tu gozo aumenta paso a paso. ¡Este *sacrificio de alabanza* me agrada bastante!

¿Por qué voy a inquietarme? ¿Por qué me voy a angustiar? En Dios pondré mi esperanza y todavía lo alabaré. ¡Él es mi Salvador y mi Dios! —Salmos 42.5, NVI

Me guías con tu consejo, y más tarde me acogerás en gloria. —Salmos 73.24, NVI

Antes bien, nos recomendamos en todo como ministros de Dios, en mucha paciencia, en tribulaciones, en necesidades, en angustias [...] como entristecidos, mas siempre gozosos; como pobres, mas enriqueciendo a muchos; como no teniendo nada, mas poseyéndolo todo. —2 Corintios 6.4, 10

Así que, ofrezcamos siempre a Dios, por medio de él, sacrificio de alabanza, es decir, fruto de labios que confiesan su nombre. —Hebreos 13.15

113

Yo soy la luz que en las tinieblas resplandece, *y las tinieblas no prevalecieron contra ella,* ¡y nunca lo harán! Cuando los problemas están sitiándote, la luz de mi presencia puede parecer una memoria sombría. Si te estás sintiendo distanciado de mí, es tiempo de que detengas todo y *derrames sobre mí tu corazón.* Busca tiempo y espacio para hablar conmigo acerca de tus problemas y sentimientos. Permíteme llevar tus cargas y mostrarte el camino hacia delante.

No importa cuánta oscuridad veas en el mundo que te rodea, mi luz continúa *resplandeciendo,* ¡porque su poder es infinito! Debido a que eres mi hijo, esta luz resplandece sobre ti, pero también en tu interior. Tú vives *en medio de una generación maligna y perversa,* y esta es la perfecta situación para que *resplandezcas como luminar en el mundo.* Dedica tiempo para disfrutar en mi presencia resplandeciente. Permite que mi energía ilimitada recargue tu fuerza, para que brilles visiblemente en las tinieblas que te rodean.

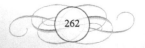

*Esta luz resplandece en las tinieblas, y las
tinieblas no han podido extinguirla.
—Juan 1.5, NVI*

*Esperad en él en todo tiempo, oh pueblos;
derramad delante de él vuestro corazón; Dios
es nuestro refugio. —Salmos 62.8*

*Haced todo sin murmuraciones y contiendas,
para que seáis irreprensibles y sencillos, hijos
de Dios sin mancha en medio de una
generación maligna y perversa, en medio de la
cual resplandecéis como luminares en el
mundo. —Filipenses 2.14–15*

114

Mis caminos son más altos que tus caminos, y mis pensamientos más altos que tus pensamientos, como son más altos los cielos que la tierra. La gente siempre está intentando empequeñecerme: reduciéndome a un dios comprensible y predecible. Cuando fallan estos intentos, a menudo responden juzgándome o negando mi mera existencia.

Tú no eres inmune a tales batallas. *Confiar en tu propia prudencia* es una inclinación fuerte, y esta es una mentalidad retrógrada. Pero la verdad es que tú no puedes comprender la sabiduría finita de mis caminos más de lo que puedes crear algo de la nada. Yo hice a la gente a mi imagen, y a algunos los he dotado de una creatividad extraordinaria. Sin embargo, toda creación humana está formada de sustancias que hice cuando hablé para crear el mundo.

Cuando te encuentres luchando para aceptar los caminos que te doy o los que le doy al mundo, detente y recuerda quién yo soy. Inclina tu mente y tu corazón ante mi inteligencia infinita, y adórame a mí: el misterioso, majestuoso y santo que sufrió y murió por ti.

Buscad a Jehová mientras puede ser hallado, llamadle en tanto que está cercano. Deje el impío su camino, y el hombre iniuo sus pensamientos, y vuélvase a Jehová, el cual tendrá de él misericordia, y al Dios nuestro, el cual será amplio en perdonar. Porque mis pensamientos no son vuestros pensamientos, ni vuestros caminos mis caminos, dijo Jehová. Como son más altos los cielos que la tierra, así son mis caminos más altos que vuestros caminos, y mis pensamientos más que vuestros pensamientos. —Isaías 55.6–9*

Fíate de Jehová de todo tu corazón, y no te apoyes en tu propia prudencia.
—Proverbios 3.5*

Y dijo Dios: Sea la luz; y fue la luz. [...] Dijo también Dios: Júntense las aguas que están debajo de los cielos en un lugar, y descúbrase lo seco. Y fue así. —Génesis 1.3, 9*

La esperanza no es la convicción de que las cosas saldrán bien, sino la certeza de que algo tiene sentido, sin importar su resultado final.

Vaclav Havel

*Ocupaos en vuestra salvación
con temor y temblor, porque
Dios es el que en vosotros
produce así el querer como el
hacer, por su buena voluntad
[...] para que seáis irreprensibles
y sencillos, hijos de Dios sin
mancha en medio de una
generación maligna y perversa,
en medio de la cual
resplandecéis como luminares
en el mundo.*
—Filipenses 2.12–13, 15

115

HAZ DE MÍ TU ENFOQUE PRINCIPAL. YO ESTOY a tu alrededor, constantemente pendiente de ti. Tomo nota de todos tus pensamientos y tu oración. Demasiadas cosas pelean por tu atención, pero no permitas que me desplacen. Dirigir tu mente hacia mí requiere de muy poca energía y es perceptible a los demás. No obstante, entre más frecuentemente lo hagas, viviré más plenamente en ti y a través de ti.

Recuerda que estoy presente contigo a cada momento de tu vida, cuidándote con mi amor perfecto. De hecho, *mi misericordia rodea al que espera en mí.* Te estoy entrenando para estar cada vez más consciente de mi presencia amorosa, incluso cuando otras cosas demanden tu atención. Deseo ser la constante de tu vida que proporciona estabilidad y dirección en un ambiente impredecible. *Debido a que soy el mismo ayer, hoy y por los siglos,* puedo ser el punto fijo que te ayude a permanecer en el camino a medida que avances en este mundo constantemente cambiante. Cuando rediriges hacia mí tus pensamientos, te muestro el camino hacia delante y *te doy mi paz.*

Alzaré mis ojos a los montes; ¿De dónde vendrá
mi socorro? Mi socorro viene de Jehová, que
hizo los cielos y la tierra. No dará tu pie al
resbaladero, ni se dormirá el que te guarda.
—Salmos 121.1–3

Muchos dolores habrá para el impío; mas al
que espera en Jehová, le rodea la misericordia.
—Salmos 32.10

Jesucristo es el mismo ayer, y hoy, y por los
siglos. —Hebreos 13.8

La paz os dejo, mi paz os doy; yo no os la doy
como el mundo la da. No se turbe vuestro
corazón, ni tenga miedo. —Juan 14.27

116

TE ESTOY LLAMANDO A VIVIR CON GOZO EN medio de tus luchas. Anhelas una manera más libre e independiente de vivir que la que tienes ahora. Oras fervientemente y luego aguardas con esperanza los cambios que deseas. Cuando no respondo tus oraciones de acuerdo con tu voluntad, a veces te desanimas. Es fácil que te sientas como si estuvieras haciendo algo mal, como si te estuvieras perdiendo lo mejor. Cuando piensas de ese modo estás olvidando la verdad más importante: que soy *soberano*. Yo tengo el control y te estoy cuidando.

Deseo que aceptes tu manera dependiente de vivir como un regalo de mi parte. Además, deseo que recibas con *gozo* este regalo, con un corazón alegre y agradecido. De hecho, nada te levantará del abatimiento más rápido que agradecerme y alabarme. ¡Y nada te ayudará a disfrutar mi presencia con más alegría! *Entra por mis puertas con acción de gracias y por mis atrios con alabanza.*

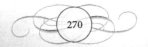

He aquí que Jehová el Señor vendrá con poder, y su brazo señoreará; he aquí que su recompensa viene con él, y su paga delante de su rostro. —Isaías 40.10

Mas antes, oh hombre, ¿quién eres tú, para que alterques con Dios? ¿Dirá el vaso de barro al que lo formó: ¿Por qué me has hecho así? —Romanos 9.20

Entrad por sus puertas con acción de gracias, por sus atrios con alabanza; alabadle, bendecid su nombre. Porque Jehová es bueno; para siempre es su misericordia, y su verdad por todas las generaciones. —Salmos 100.4–5

117

DE DÍA MANDO MI MISERICORDIA; DE NOCHE MI cántico estará contigo, porque yo soy el Dios de tu vida. Ten ánimo, hijo mío, sabiendo que yo estoy a cargo de toda tu vida. Durante el día, ¡mando mi misericordia a bendecirte en diversas maneras! Por lo tanto, ve a la caza de todas las cosas buenas que coloco en tu camino. Pídele a mi Espíritu que te abra los ojos, de manera que puedas percibir y recibir todas esas bendiciones. No te desanimes con las cosas difíciles que encuentres, porque esto es parte de vivir en un mundo caído.

Gózate en que *mi cántico está contigo* por la noche, mientras te cuido con amor. Si tienes insomnio, utiliza ese tiempo para buscar mi rostro y disfruta de mi presencia pacificadora. Es posible desarrollar una tierna intimidad conmigo cuando *me recuerdas en tu lecho, meditando en mí en las vigilas de la noche.* Cuando estás despierto o dormido, siempre estoy contigo. ¡Porque yo en verdad soy *el Dios de tu vida*!

Pero de día mandará Jehová su misericordia, y de noche su cántico estará conmigo, y mi oración al Dios de mi vida. —Salmos 42.8

Sed sobrios, y velad; porque vuestro adversario el diablo, como león rugiente, anda alrededor buscando a quien devorar; al cual resistid firmes en la fe, sabiendo que los mismos padecimientos se van cumpliendo en vuestros hermanos en todo el mundo. —1 Pedro 5.8–9

Cuando me acuerde de ti en mi lecho, cuando medite en ti en las vigilias de la noche. Porque has sido mi socorro, y así en la sombra de tus alas me regocijaré. Está mi alma apegada a ti; tu diestra me ha sostenido. —Salmos 63.6–8

118

DISPONTE A CONTINUAR ESCALANDO ESTA MONTAÑA alta conmigo. Algunas veces miras nostálgicamente hacia algún punto de tu viaje que sucedió hace mucho tiempo. Anhelas ese tiempo más fácil y menos complicado de tu vida. Pero deseo que lo reconozcas por lo que fue: un campamento base. Fue un momento y un lugar de preparación para la ardua aventura que te espera.

La montaña que estás escalando es extremadamente alta, la cima está escondida entre las nubes. Por lo tanto, te es imposible saber a qué altura has llegado y cuánto te falta. Sin embargo, entre más alto vayas, mejor será la vista.

Aunque cada día sea un desafío y a menudo te sientas agotado, ¡dedica tiempo a disfrutar el magnífico escenario! Este viaje conmigo te está entrenando para ver desde una perspectiva celestial que trasciende tus circunstancias. Entre más alta sea la montaña que escales, más escarpado y desafiante se vuelve tu camino, pero también tu aventura. Recuerda que entre más alto vayas conmigo, más cerca estarás de tu objetivo final: ¡las alturas de los cielos!

Seis días después, Jesús tomó a Pedro, a Jacobo y a Juan su hermano, y los llevó aparte a un monte alto; y se transfiguró delante de ellos, y resplandeció su rostro como el sol, y sus vestidos se hicieron blancos como la luz.
—Mateo 17.1–2

¡El Señor Soberano es mi fuerza! Él me da pie firme como al venado, capaz de pisar sobre las alturas. —Habacuc 3.19, NTV

En cambio, nosotros somos ciudadanos del cielo, donde vive el Señor Jesucristo; y esperamos con mucho anhelo que él regrese como nuestro Salvador. Él tomará nuestro débil cuerpo mortal y lo transformará en un cuerpo glorioso, igual al de él. Lo hará valiéndose del mismo poder con el que pondrá todas las cosas bajo su dominio. —Filipenses 3.20–21, NTV

119

Yo cambio tu oscuridad en luz. Después de todo, *yo soy la luz del mundo*; estoy contigo y en tu interior. Cada día encuentras tinieblas en el mundo —y en tu corazón—; pero recuerda que *yo he vencido al mundo.* Tú puedes decidir enfocarte en las cosas hirientes y malas, o enfocarte en mí, ¡el brillante vencedor!

Yo te estoy llamando a que andes conmigo por *el camino de la paz.* Sé que diversas cosas halan de tu conciencia y que tienes responsabilidades reales en tu vida. Sin embargo, te estoy entrenando para que dirijas tus pensamientos hacia mí cada vez más, y que disfrutes de mi presencia en los tiempos difíciles, así como en los tiempos buenos. No podrás llevarlo a cabo a la perfección, pero *puedes* progresar poco a poco. Cuando diriges hacia mí tu atención, ¡alejo todas las tinieblas con mi luz invencible! Así es como andas por *el camino de la paz.* Así es como yo *cambio las tinieblas en luz.*

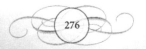

Tú eres mi lámpara, oh Jehová; mi Dios alumbrará mis tinieblas. —2 Samuel 22.29

Otra vez Jesús les habló, diciendo: Yo soy la luz del mundo; el que me sigue, no andará en tinieblas, sino que tendrá la luz de la vida. —Juan 8.12

Estas cosas os he hablado para que en mí tengáis paz. En el mundo tendréis aflicción; pero confiad, yo he vencido al mundo. —Juan 16.33

Y tú, niño, profeta del Altísimo serás llamado; porque irás delante de la presencia del Señor, para preparar sus caminos [...] Para dar luz a los que habitan en tinieblas y en sombra de muerte; para encaminar nuestros pies por camino de paz. —Lucas 1.76, 79

120

FÍATE DE MÍ, CONFÍA Y APÓYATE EN MÍ. ENTRE más desafiantes sean las circunstancias de tu vida, más necesitas afirmar —y apoyar— tu confianza en mí. Durante los tiempos difíciles, tu tendencia natural es confiar fuertemente en tu propia prudencia. Sin embargo, tu entendimiento humano no está a la altura de esta tarea; te fallará una y otra vez.

Tienes motivos para *confiar en mí.* Yo soy el Creador y Sustentador del universo, estoy encargado de cada aspecto de tu vida. Debido a que el mundo se encuentra en tal condición caída, posiblemente parezca como si yo no tuviera el control. Yo podría terminar instantáneamente con todo el sufrimiento —destruyendo la tierra y llevándome a mis hijos a casa—, pero estoy esperando *para llevar a mis hijos e hijas a la gloria.*

Por lo tanto, ten ánimo mientras vives en este mundo quebrantado, creyendo que mis propósitos eternos están siendo forjados a través de tus dificultades. Tus problemas son parte de mi majestuoso plan maestro, *¡estoy produciendo una gloria eterna más pesada que todos ellos!*

Confía en el Señor de todo corazón, y no en tu propia inteligencia. —Proverbios 3.5, NVI

Porque convenía a aquel por cuya causa son todas las cosas, y por quien todas las cosas subsisten, que habiendo de llevar muchos hijos a la gloria, perfeccionase por aflicciones al autor de la salvación de ellos. —Hebreos 2.10

Porque esta leve tribulación momentánea produce en nosotros un cada vez más excelente y eterno peso de gloria. —2 Corintios 4.17

La cruz es una cruz expectante [...] Es un símbolo de esperanza, porque Dios está de un lado y toda la gente del otro, y Jesucristo [...] está entre todos para unirnos.

David Jeremiah

*Por eso también puede salvar
por completo a los que por
medio de él se acercan a Dios,
ya que vive siempre para
interceder por ellos.*

Hebreos 7.25, NVI

121

QUÉDATE QUIETO Y CONOCE QUE YO SOY DIOS.
Tu vida ha sido tumultuosa últimamente, llena
de cambios y nuevas responsabilidades. Has
continuado pasando tiempo a solas conmigo,
pero se te ha dificultado *quedarte quieto* y concentrarte en mí. Necesitas apartar tiempo para
escucharme, bloqueando las distracciones y re-
conectándote conmigo en las profundidades de
tu alma. Sin este tiempo de enfoque en mi presencia, tu alma estará desnutrida. Los demás
pueden no darse cuenta, pero *tú* puedes sentir la
diferencia. Desde luego, yo la observo antes que
tú. Puedo ver la necesidad que hay en tu interior,
necesidades que solamente *yo* puedo satisfacer.

A medida que te dediques a escucharme,
deseo que experimentes mi deleite en ti. Yo te
veo como realmente eres: mi hijo amado, vestido gloriosamente de mi justicia. Abre tus brazos
y tu corazón para recibir la medida completa de
mi deleite. La luz de mi amor está brillando sobre ti. Quédate quieto en esta luz santa, descan-
sando en la seguridad de *mi amor inagotable.*

*Estad quietos, y conoced que yo soy Dios; seré
exaltado entre las naciones; enaltecido seré en
la tierra.* —Salmos 46.10

*Para los santos que están en la tierra, y para los
íntegros, es toda mi complacencia.*
—Salmos 16.3

*En gran manera me gozaré en Jehová, mi alma
se alegrará en mi Dios; porque me vistió con
vestiduras de salvación, me rodeó de manto de
justicia, como a novio me atavió, y como a
novia adornada con sus joyas.* —Isaías 61.10

*Condujiste en tu misericordia a este pueblo que
redimiste; lo llevaste con tu poder a tu santa
morada.* —Éxodo 15.13

122

Yo soy Dios, fortaleza en el día de angustia. Conozco a los que en mí confían. Aunque habites en un mundo lleno de angustia, te aseguro que soy completamente, ¡cien por ciento, bueno! *Yo soy luz y en mí no hay tinieblas.* Búscame en la perfección que has anhelado toda tu vida. Debido a que en este mundo hay quebranto, siempre necesitas refugio, pero especialmente *en el día de la angustia.* Cuando estés herido, deseo abrigarte en mi presencia poderosa y amorosa. De manera que acude a mí en los tiempos difíciles y verás que soy fiel.

A muchos de mis hijos se les dificulta recibir mi ayuda en los tiempos difíciles, porque en realidad no confían en mí. Cuando golpea la adversidad, se insolentan contra mí o se enfocan tanto en sus problemas que se olvidan de que estoy con ellos. Un elemento esencial para confiar en mí es recordar mi promesa de que *estoy siempre contigo.* Confía en mí, hijo mío, y yo te cuidaré.

Jehová es bueno, fortaleza en el día de la angustia; y conoce a los que en él confían.
—Nahúm 1.7

Este es el mensaje que hemos oído de él, y os anunciamos: Dios es luz, y no hay ningunas tinieblas en él. —1 Juan 1.5

Cuando siento miedo, pongo en ti mi confianza. —Salmos 56.3, NVI

Por tanto, id, y haced discípulos a todas las naciones, bautizándolos en el nombre del Padre, y del Hijo, y del Espíritu Santo; enseñándoles que guarden todas las cosas que os he mandado; y he aquí yo estoy con vosotros todos los días, hasta el fin del mundo.
—Mateo 28.19–20

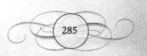

123

EN MÍ FUERON CREADAS TODAS LAS COSAS: LAS que hay en los cielos y las que hay en la tierra, visibles e invisibles. Yo soy tu Creador, así como tu Salvador. Cada respiro que das es un regalo de mi parte. De manera que es sabio comenzar cada día agradeciéndome por el precioso don de la vida, sin importar cómo te estés sintiendo. Este acto de agradecimiento te conecta conmigo, tu Salvador vivo, y te ayuda a encontrar tu camino durante el día.

En mí todas las cosas subsisten. Tu vida a menudo se siente fragmentada con las diversas cosas que te halan para un lado y para otro. Tu tiempo y energía te permiten realizar solamente un pequeño porcentaje de las posibilidades que te están atrayendo. Por lo tanto, necesitas ordenar tus prioridades y realizar primero las cosas más importantes. Yo te ayudaré con ello en la medida en que permanezcas en comunicación conmigo. Entre más me traigas tus pensamientos y tus planes —buscando mi dirección—, más eficazmente puedo mostrarte el camino hacia delante. ¡Ya que *todas las cosas en mí subsisten*, tu vida subsiste mejor cuando hay más de mí en ella!

Porque en él fueron creadas todas las cosas, las que hay en los cielos y las que hay en la tierra, visibles e invisibles; sean tronos, sean dominios, sean principados, sean potestades; todo fue creado por medio de él y para él. Y él es antes de todas las cosas, y todas las cosas en él subsisten. —Colosenses 1.16–17

Te haré entender, y te enseñaré el camino en que debes andar; sobre ti fijaré mis ojos. —Salmos 32.8

Hazme oír por la mañana tu misericordia, porque en ti he confiado; hazme saber el camino por donde ande, porque a ti he elevado mi alma. —Salmos 143.8

124

GLORÍATE EN LA ESPERANZA DE MI GLORIA. Aunque mucha gente utiliza la palabra *esperanza* para indicar deseo, ¡la esperanza de mi gloria suena como una certeza de verdad absoluta! Yo he prometido que todos mis hijos compartirán mi gloria y pretendo mantener esa promesa. Además, tengo todo el poder que necesito —un poder infinito— para permitirme llevarlo a cabo.

La naturaleza de la esperanza se refiere a que es algo en el futuro, algo que *todavía no es*. De manera que necesitas esperar pacientemente para que yo cumpla mis promesas. Si la paciencia no es tu punto fuerte, recuerda que es un *fruto del Espíritu*. Puedes pedirle al Espíritu Santo que te ayude a aguardar con esperanza en mi presencia. Esperar a menudo es una tarea difícil, a menos que tengas algo interesante que hacer *o* alguien interesante con quien estar. Cuando esperes en mi presencia, gózate de que estás en la compañía del Creador y Sustentador del universo. Yo soy infinitamente más brillante y creativo de lo que puedas imaginar. Deléitate en este privilegio asombroso de estar conmigo ahora y durante la eternidad.

Justificados, pues, por la fe, tenemos paz para con Dios por medio de nuestro Señor Jesucristo; por quien también tenemos entrada por la fe a esta gracia en la cual estamos firmes, y nos gloriamos en la esperanza de la gloria de Dios.
—Romanos 5.1–2

Pues tengo por cierto que las aflicciones del tiempo presente no son comparables con la gloria venidera que en nosotros ha de manifestarse. —Romanos 8.18

En cambio, el fruto del Espíritu es amor, alegría, paz, paciencia, amabilidad, bondad, fidelidad, humildad y dominio propio. No hay ley que condene estas cosas.
—Gálatas 5.22–23, NVI

Deléitate en el SEÑOR, y él te concederá los deseos de tu corazón. —Salmos 37.4, NVI

125

ENTRA POR MIS PUERTAS CON ACCIÓN DE GRACIAS, por mis atrios con alabanza. Un corazón agradecido es un corazón alegre, y eso es lo que deseo para ti. Cuando olvidas los *sacrificios de acción de gracias,* tu alma sufre.

Muchos de mis hijos que viven en naciones empobrecidas tienen más gozo que los cristianos que están en países «ricos» con abundancia material. Incluso las bendiciones más grandes pueden dejar de producir gozo, a menos que sean recibidas con gratitud.

Yo te estoy entrenando para agradecerme no solo por las bendiciones evidentes, sino también para las situaciones que nunca habrías elegido: un hijo o un cónyuge obstinado; la pérdida de la salud, de una casa o del empleo. Este es el agradecimiento contradictorio, y solamente es posible a medida que confíes en mí a un nivel mayor. También se trata de autodisciplina: estar dispuesto a agradecerme aunque tus circunstancias te estén obligando a encontrar una *salida.* Aunque sea sabio para buscar maneras de mejorar tu situación, tú no puedes forzar mi mano ni mi tiempo perfecto. Solo continúa entrando en mi presencia con acción de gracias. Tu agradecimiento persistente puede en realidad proporcionar la llave esperada que utilizaré para desatorar las mayores dificultades de tu vida. *Darme gracias* puede abrir puertas en maneras que trascienden tu pensamiento.

Entrad por sus puertas con acción de gracias, por sus atrios con alabanza; alabadle, bendecid su nombre. Porque Jehová es bueno; para siempre es su misericordia, y su verdad por todas las generaciones. —Salmos 100.4–5

Alaben la misericordia de Jehová, y sus maravillas para con los hijos de los hombres; ofrezcan sacrificios de alabanza, y publiquen sus obras con júbilo. —Salmos 107.21–22

También vosotros ahora tenéis tristeza; pero os volveré a ver, y se gozará vuestro corazón, y nadie os quitará vuestro gozo. —Juan 16.22

126

DEJA QUE MI AMOR INAGOTABLE SEA TU CONSUELO.
Algo que te trae consuelo debe ser confiable, y mi amor nunca te fallará. Mi presencia reconfortante siempre está contigo; pero para recibir todos los beneficios de esta bendición necesitas confiar en mí con todo tu corazón. El consuelo no solamente es para tu bendición, sino para que recibas poder. Cuando te sientes seguro en mi amor, eres fortalecido y puedes realizar las cosas que he preparado para ti.

El amor y el consuelo van de la mano de manera natural. Cuando un pequeño necesita consuelo, el mejor remedio a menudo son palabras confortantes y un dulce beso. Los niños acuden instintivamente a sus padres en tiempos de necesidad, y tú haces bien en aprender de su ejemplo. Cuando estés herido, ven a mí para hallar consuelo. Descansa en mí, hijo mío, y disfruta el dulce beso de mi presencia. Escúchame mientras *me gozo sobre ti con cánticos.* Para beneficiarte completamente de mis palabras consoladoras, memoriza versículos que te aseguren mi amor. Recuerda: yo siempre te amo *con amor eterno.*

*Sea ahora tu misericordia para consolarme,
conforme a lo que has dicho a tu siervo.
—Salmos 119.76*

*Jehová está en medio de ti, poderoso, él salvará;
se gozará sobre ti con alegría, callará de amor,
se regocijará sobre ti con cánticos.
—Sofonías 3.17*

*Jehová se manifestó a mí hace ya mucho
tiempo, diciendo: Con amor eterno te he
amado; por tanto, te prolongué mi
misericordia. —Jeremías 31.3*

La esperanza debe estar
en tiempo futuro. La fe,
para ser fe, debe estar
en tiempo presente.

Catherine Marshall

Y ahora, Señor, ¿qué esperanza me queda? ¡Mi esperanza he puesto en ti!

Salmos 39.7, NVI

127

ESPERA EN MI SALVACIÓN. ESPERA EN MÍ, TU Salvador: yo te escucharé. Tu esperanza deriva del hecho sólido de que yo soy *tu Dios Salvador.* Si solamente fuera un salvador humano, mi vida de sacrificio no te habría salvado de tus pecados. Si yo fuera de verdad Dios, pero no hubiera estado dispuesto a convertirme en el redentor humano, no tendrías Salvador. Pero, ya que soy tu Dios Salvador, ¡tienes suficientes razones para *esperar en mí!*

Busca cuidadosamente las evidencias de mi obra en las circunstancias de tu vida. No te fatigues esperando; confía en que de verdad *te escucharé.* De hecho, yo siempre escucho tus oraciones y también *los gemidos indecibles del Espíritu que no pueden pronunciarse.* Cree que estoy contigo en medio de tus circunstancias y que estoy obrando por ti. Inhala grandes cantidades de mi presencia tranquilizadora; llénate de mi paz. Finalmente, halla gozo pensando en quien soy: *yo soy el que te sostendrá. Yo te hice y cuidaré de ti; yo te sostendré y te libraré.*

Mas yo a Jehová miraré, esperaré al Dios de mi salvación; el Dios mío me oirá. —Miqueas 7.7

Y de igual manera el Espíritu nos ayuda en nuestra debilidad; pues qué hemos de pedir como conviene, no lo sabemos, pero el Espíritu mismo intercede por nosotros con gemidos indecibles. —Romanos 8.26

Y hasta la vejez yo mismo, y hasta las canas os soportaré yo; yo hice, yo llevaré, yo soportaré y guardaré. —Isaías 46.4

128

*YO LE DOY ESFUERZO AL CANSADO Y MULTIPLICO
las fuerzas al que no tiene ninguna.* Vives en un
mundo en el que la debilidad a menudo da lástima o incluso se menosprecia. La gente gasta
grandes cantidades de tiempo, energía y dinero
en esfuerzos por fortalecer su cuerpo. Además,
utilizan diversos estimulantes para evitar el
cansancio o disfrazarlo. Sin embargo, la debilidad y el cansancio simplemente son parte de la
realidad de vivir en un mundo caído y en un
cuerpo caído.

Te invito a entrar en mi presencia confiadamente, con todo tu cansancio y debilidad.
Comprendo la fatiga por experiencia, ya que
viví en tu mundo durante treinta y tres años.
Puedes bajar tu guardia conmigo y admitir
cuán cansado estás en realidad.

Dedica tiempo solo para estar conmigo,
disfrutando en la luz de mi amor. *Mientras mi
rostro resplandece sobre ti,* yo te bendigo y *te
doy paz.* No escatimes este tiempo conmigo,
porque lo uso para fortalecerte espiritual, emocional y físicamente. Abre bien tus brazos, en

busca de mi presencia en este momento. Prepárate para recibir abundantemente gozo, paz, *amor inagotable.*

El da esfuerzo al cansado, y multiplica las fuerzas al que no tiene ningunas. Los muchachos se fatigan y se cansan, los jóvenes flaquean y caen; pero los que esperan a Jehová tendrán nuevas fuerzas; levantarán alas como las águilas; correrán, y no se cansarán; caminarán, y no se fatigarán.
—Isaías 40.29–31

Jehová haga resplandecer su rostro sobre ti, y tenga de ti misericordia; Jehová alce sobre ti su rostro, y ponga en ti paz. —Números 6.25–26

Haz resplandecer tu rostro sobre tu siervo; sálvame por tu misericordia. —Salmos 31.16

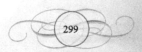

129

Yo soy el alfa y la omega, el principio y el fin, el que es y que era y que ha de venir, el Todopoderoso. Este planeta en que habitas está en tal ruina que algunas veces te sientes abrumado. Simplemente mirar las noticias en la televisión puede ponerte nervioso. Los eventos y las economías mundiales parecen estarse saliendo de control cada vez más. De ahí la importancia de concentrarte en mí y considerar quien soy: *el principio y el fin.* Yo, el Creador de este planeta, transciendo al tiempo. Yo conozco el fin de la historia de este mundo, tal como conozco su principio.

No solamente sé cómo resultará todo, sino que soy absolutamente soberano. Yo soy *el Todopoderoso;* nada está fuera de mi control. Entre más indefenso te sientas al enfrentar los desafíos de tu vida, más consolador será confiar en que yo soy todopoderoso. Recuerda que también soy compasivo. Yo soy el Señor que *consuela a su pueblo y tendré compasión de sus afligidos.* Tú puedes trascender a tus problemas, porque yo soy poderoso y compasivo. De manera que tienes una buena razón para *gozar-te*; ¡algunas veces incluso puedes *prorrumpir en alabanzas*!

Yo soy el Alfa y la Omega, principio y fin, dice el Señor, el que es y que era y que ha de venir, el Todopoderoso. —Apocalipsis 1.8

El que habita al abrigo del Altísimo se acoge a la sombra del Todopoderoso. Yo le digo al Señor: *«Tú eres mi refugio, mi fortaleza, el Dios en quien confío».* —Salmos 91.1–2, NVI

Cantad alabanzas, oh cielos, y alégrate, tierra; y prorrumpid en alabanzas, oh montes; porque Jehová ha consolado a su pueblo, y de sus pobres tendrá misericordia. —Isaías 49.13

130

Yo soy poderoso para hacer todas las cosas mucho más abundantemente de lo que pides o esperas. Por lo tanto, piensa en grande cuando ores, pero recuerda que yo siempre pienso ¡más en grande! Y estoy obrando continuamente en tu vida, incluso cuando veas que nada está sucediendo. Es fácil que te sientas atorado en una situación que te gustaría cambiar, porque solamente puedes ver el momento presente. Pero yo miro el panorama general —todos los momentos de tu vida—, y estoy haciendo más de lo que puedes imaginar.

Mantente en comunicación conmigo a medida que avance este día. Puedes hablar conmigo acerca de cualquier cosa, porque te comprendo perfectamente. La manera más fácil de mantenerte en contacto conmigo es comenzar el día conmigo, trayéndome tus alabanzas y peticiones. Luego, al comenzar tus actividades, es más natural que continúes hablando conmigo.

Entre más tiempo esperes para comenzar a comunicarte conmigo, más esfuerzo requerirás. Por lo tanto, ven a mí temprano, antes de que

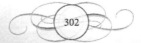

avance tu día. Posiblemente pienses que no puedes desperdiciar tiempo en esto, pero recuerda que no manejas solo las cosas. Tú colaboras con el que puede hacer las cosas *más abundantemente de lo que pides o esperas.*

Y a Aquel que es poderoso para hacer todas las cosas mucho más abundantemente de lo que pedimos o entendemos, según el poder que actúa en nosotros. —Efesios 3.20

El Señor reina, revestido de esplendor; el Señor se ha revestido de grandeza y ha desplegado su poder. Ha establecido el mundo con firmeza; jamás será removido. Desde el principio se estableció tu trono, y tú desde siempre has existido. —Salmos 93.1–2, NVI

Oh Jehová, de mañana oirás mi voz; de mañana me presentaré delante de ti, y esperaré. —Salmos 5.3

131

LA ESPERANZA Y EL CORAJE VAN DE LA MANO. Cuando estás esperando, esperando y esperando por las respuestas anheladas a la oración, se necesita coraje para continuar esperando en mí. El mundo, la carne y el diablo te dicen que es más fácil darte por vencido y rendirte ante la decepción pertinaz. En ese sentido, es verdad. Continuar orando con una expectativa positiva requiere de mucho esfuerzo y perseverancia; darte por vencido es más fácil *momentáneamente*. Sin embargo, una actitud de resignación y rendición siempre resulta hiriente a largo plazo. Esto a menudo lleva al escepticismo y, finalmente, a la desesperación. De manera que vale la pena el esfuerzo por mantener la esperanza viva.

Coraje proviene de la palabra francesa para «*corazón*». Debido a que vivo en tu corazón puedes llamarme para que te ayude a vivir con coraje, enfrentando la adversidad o el peligro con confianza y determinación. Estoy completamente consciente de tus circunstancias y me deleito en ayudarte a lidiar con ellas. Por lo tanto, afírmate en mi fuerza, amado, negándote a

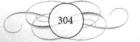

rendirte o darte por vencido. Yo me gozo siempre en ti, pero especialmente cuando *esperas* con valentía *en mi firme amor.*

Esforzaos y cobrad ánimo; no temáis, ni tengáis miedo de ellos, porque Jehová tu Dios es el que va contigo; no te dejará, ni te desamparará.
—Deuteronomio 31.6

Alumbrando los ojos de vuestro entendimiento, para que sepáis cuál es la esperanza a que él os ha llamado, y cuáles las riquezas de la gloria de su herencia en los santos, y cuál la supereminente grandeza de su poder para con nosotros los que creemos, según la operación del poder de su fuerza. —Efesios 1.18–19

No, el Señor *se deleita en los que le temen, en los que ponen su esperanza en su amor inagotable.* —Salmos 147.11, NTV

132

TÚ ERES SANTO Y SIN MANCHA DELANTE DE MÍ.
Permite que estas palabras de bendición pe-
netren en tu corazón, tu mente y tu espíritu. Es
posible que se te dificulte creer esta asombrosa
verdad, porque sabes que día a día no estás a la
altura de mi patrón de santidad. De hecho, no
eres santo y sin mancha por ti mismo y nunca
estarás sin pecado en esta vida. No obstante, a
mis ojos eres gloriosamente justo. Cuando confiaste en mí como Salvador, me diste todos tus
pecados —pasados, presentes y futuros—, y yo
te di mi justicia perfecta. Este es un intercambio
eterno que te asegura tu lugar en mi familia real
para siempre.

Esta fue una transacción sumamente costosa
para mí. Tu *redención, el perdón de los pecados*,
fue lograda *por medio de mi sangre* derramada
gratuitamente, porque te amo. Deseo que pienses
en la *anchura, la longitud, la profundidad y la
altura* de este vasto mar de amor que siento por
ti. A medida que pasas tiempo en mi presencia
—abriéndome tu corazón— puedes recibir cada
vez más de *este amor ¡que sobrepasa todo entendimiento!*

Según nos escogió en él antes de la fundación del mundo, para que fuésemos santos y sin mancha delante de él. —Efesios 1.4

En quien tenemos redención por su sangre, el perdón de pecados según las riquezas de su gracia. —Efesios 1.7

Para que os dé, conforme a las riquezas de su gloria, el ser fortalecidos con poder en el hombre interior por su Espíritu; para que habite Cristo por la fe en vuestros corazones, a fin de que, arraigados y cimentados en amor, seáis plenamente capaces de comprender con todos los santos cuál sea la anchura, la longitud, la profundidad y la altura, y de conocer el amor de Cristo, que excede a todo conocimiento, para que seáis llenos de toda la plenitud de Dios. —Efesios 3.16–19

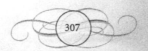

En cada página de la Biblia hay palabras de Dios que nos dan razones para esperar [...] En las promesas de Dios encuentro inspiración y una nueva esperanza.

Charles A. Allen

*Y debido a su gloria y
excelencia, nos ha dado grandes
y preciosas promesas. Estas
promesas hacen posible que
ustedes participen de la
naturaleza divina y escapen de
la corrupción del mundo,
causada por los deseos
humanos.*

2 Pedro 1.4, NTV

133

MANTENTE FIRME, SIN FLUCTUAR, LA PROFESIÓN de tu esperanza, porque yo soy fiel. Algunas veces, especialmente cuando varias cosas están marchando mal, todo lo que puedes hacer es sujetarte de mí. A ti te encantaría arreglar las cosas que hay en tu mente y encontrar una manera de avanzar, pero a menudo eso es imposible. Lo mejor que puedes hacer en tales ocasiones es *buscar mi rostro* y *profesar* tu esperanza.

Profesar la esperanza es afirmarla con franqueza. ¡Tus palabras importan! Estas marcan la diferencia no solamente en otras personas, sino también en ti. Tienen una fuerte influencia en tu bienestar físico y emocional. Las palabras negativas te ahogarán. Pero cuando afirmas sinceramente tu esperanza y confianza en mí, ganas fuerza para avanzar con confianza.

La base de esta confianza es que *yo soy fiel.* Además, *no dejaré que seas tentado más de lo que puedas resistir.* Algunas veces *la vía de escape* que te proporciono es a través de tus propias palabras, tales como: «Yo confío en ti, Jesús; mi esperanza está en ti». Esta breve

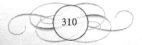

afirmación te ayuda a sujetarte de tu esperanza *firme, sin fluctuar* —persistentemente—.

Mantengamos firme, sin fluctuar, la profesión de nuestra esperanza, porque fiel es el que prometió. —Hebreos 10.23

Oye, oh Jehová, mi voz con que a ti clamo; ten misericordia de mí, y respóndeme. Mi corazón ha dicho de ti: Buscad mi rostro. Tu rostro buscaré, oh Jehová. —Salmos 27.7–8

Ustedes no han sufrido ninguna tentación que no sea común al género humano. Pero Dios es fiel, y no permitirá que ustedes sean tentados más allá de lo que puedan aguantar. Más bien, cuando llegue la tentación, él les dará también una salida a fin de que puedan resistir. —1 Corintios 10.13, NVI

134

Yo he venido para que tengas vida y para que la tengas en abundancia. El propósito principal de mi encarnación fue asegurarte la vida eterna. Sin embargo, también deseo que vivas abundantemente *ahora* y todos tus días. Para eso necesitas recordar de quién eres y quién eres. Tú me perteneces a mí, el Creador y Sustentador del universo. Y eres mi hijo amado, adoptado en mi familia real. La adopción es una transacción permanente: no te he contratado como mi empleado. Te he hecho miembro permanente de mi familia.

No permitas que la familiaridad de estas verdades te haga caminar como sonámbulo. Yo, tu guía fiel, ¡estoy más vibrantemente vivo de lo que puedes imaginar! A medida que permaneces cerca de mí, algo de mi vida se te «contagia», despertando así tu corazón para que puedas vivir más plenamente. Esto te ayuda a ver que te encuentras en una aventura conmigo, en la que *tú* marcas la diferencia, donde tus acciones impactan significativamente al mundo. Y *yo, tu Dios, te guiaré aun más allá de la muerte.*

Volvió, pues, Jesús a decirles: De cierto, de cierto os digo: Yo soy la puerta de las ovejas. Todos los que antes de mí vinieron, ladrones son y salteadores; pero no los oyeron las ovejas. Yo soy la puerta; el que por mí entrare, será salvo; y entrará, y saldrá, y hallará pastos. El ladrón no viene sino para hurtar y matar y destruir; yo he venido para que tengan vida, y para que la tengan en abundancia.
—Juan 10.7–10

El Espíritu mismo da testimonio a nuestro espíritu, de que somos hijos de Dios.
—Romanos 8.16

Porque este Dios es Dios nuestro eternamente y para siempre; él nos guiará aun más allá de la muerte. —Salmos 48.14

135

Tus tribulaciones leves y momentáneas te están produciendo un cada vez más excelente y eterno peso de gloria. La palabra griega que el apóstol Pablo utilizó para *leve* significa «una ligera nimiedad». No obstante, él soportó una tremenda aflicción: fue encarcelado, golpeado y apedreado; recibió treinta y nueve azotes cinco veces, fue golpeado con varas tres veces. Había naufragado tres veces y pasado día y noche a la deriva en el mar. A menudo estaba hambriento, sediento y con frío. Sin embargo, Pablo consideró sus grandes problemas como *una ligera nimiedad*, porque los estaba comparando con la *gloria eterna*. Yo te estoy capacitando para que también veas los problemas así: desde una perspectiva eterna.

Yo no desperdicio nada de tu vida, ni siquiera tu sufrimiento. Lo utilizo para enseñarte lecciones importantes aquí y ahora. Pero hay más. Tus problemas también están logrando algo en el plano celestial. Están *obteniendo gloria celestial*, contribuyendo a la recompensa que recibirás en el cielo. Sin embargo, para que eso suceda, necesitas tratar bien la adversidad en tu vida, confiando en mí sin importar lo que suceda. ¡Cuando los problemas te estén ahogando, intenta verlos como ligeras nimiedades momentáneas que están produciendo gloria sin fin!

Porque esta leve tribulación momentánea produce en nosotros un cada vez más excelente y eterno peso de gloria. —2 Corintios 4.17

De los judíos cinco veces he recibido cuarenta azotes menos uno. Tres veces he sido azotado con varas; una vez apedreado; tres veces he padecido naufragio; una noche y un día he estado como náufrago en alta mar; en caminos muchas veces; en peligros de ríos, peligros de ladrones, peligros de los de mi nación, peligros de los gentiles, peligros en la ciudad, peligros en el desierto, peligros en el mar, peligros entre falsos hermanos; en trabajo y fatiga, en muchos desvelos, en hambre y sed, en muchos ayunos, en frío y en desnudez. —2 Corintios 11.24–27

136

ESTABLECE LAS PRIORIDADES DE TU VIDA DE acuerdo con mi voluntad. No podrás hacer todas las cosas que deseas hacer, ni todas las cosas que a la gente le gustaría que hicieras. Establecer tus prioridades te ayuda a tomar buenas decisiones acerca de lo que se hace y lo que no.

Tu tiempo y tu energía son limitados, de manera que posiblemente solo podrás llevar a cabo un pequeño porcentaje de lo que te gustaría hacer o que sientes que «debes» hacer. Por lo tanto, *busca mi rostro* y mi voluntad a medida que miras las posibilidades que hay ante ti. Deja que los principios y las promesas bíblicos te guíen para determinar lo que es más importante.

Hacerlo intencionadamente te ayudará a usar mejor tu tiempo y tu energía. Además, evitará que te sientas ansioso o culpable de las cosas que *no* estás haciendo. Para hacer algo bien necesitas sentirte en paz con las diversas cosas que podrías estar realizando, pero que no estás haciendo. Cuando has establecido tus prioridades de acuerdo con mi voluntad, puedes relajarte y enfocarte en lo que *yo* estimo importante. A medida que buscas agradarme por sobre todas las demás cosas, crecerás cada vez más a la *hechura* —la obra maestra— que creé de ti.

Buscad a Jehová y su poder; buscad siempre su rostro. —Salmos 105.4

¡Cuán dulces son a mi paladar tus palabras! Más que la miel a mi boca. De tus mandamientos he adquirido inteligencia; por tanto, he aborrecido todo camino de mentira. Lámpara es a mis pies tu palabra, y lumbrera a mi camino. —Salmos 119.103–105

Porque somos hechura suya, creados en Cristo Jesús para buenas obras, las cuales Dios preparó de antemano para que anduviésemos en ellas. —Efesios 2.10

137

Yo te saqué a un lugar espacioso; te libré, porque me agradé de ti. No importa cuáles sean tus circunstancias, si me perteneces, estás en un *lugar espacioso* de salvación. Es posible que te sientas apretado en tu situación actual; pero tu salvación es un regalo cada vez más expansivo. Mi espíritu vive en tu interior, y siempre está obrando para santificarte, haciéndote más como yo. Esta es una expansión interna y continuará hasta que yo te llame a casa, a mi *gloria.*

El cielo es un lugar maravillosamente espacioso, nunca te sentirás apretado ni frustrado ahí. *Yo enjugaré toda lágrima* de los ojos de mi pueblo. *Ya no habrá muerte, ni habrá más llanto, ni clamor, ni dolor.* Todo y todos en el cielo serán perfectos. Mi océano ilimitado de amor te lavará y te llenará hasta rebosar. Finalmente podrás amarme —a mí y a los demás— con amor perfecto, no contaminado por el pecado. ¡Esta experiencia celestial continuará expandiéndose en un gozo cada vez mayor durante la eternidad!

Y me sacó a lugar espacioso; me libró, porque se agradó de mí. —2 Samuel 22.20

Me guías con tu consejo, y más tarde me acogerás en gloria. —Salmos 73.24, NVI

Y oí una gran voz del cielo que decía: He aquí el tabernáculo de Dios con los hombres, y él morará con ellos; y ellos serán su pueblo, y Dios mismo estará con ellos como su Dios. Enjugará Dios toda lágrima de los ojos de ellos; y ya no habrá muerte, ni habrá más llanto, ni clamor, ni dolor; porque las primeras cosas pasaron. —Apocalipsis 21.3–4

YO SOY *DIOS TU SALVADOR. TE HARÉ ENTENDER
y te enseñaré,* por lo tanto *espera en mí todo el
día.* Yo te guío de acuerdo con *mi verdad* y te
enseño lecciones importantes a medida que sigues la senda que he preparado para ti. Debido
a que soy tu Salvador y tu Dios, puedo ayudarte
con los obstáculos que encontrarás. Tus dificultades incluso pueden ser bendiciones cuando te
llevan a una mayor dependencia de mí.

Es importante que *esperes en mí todo el día.*
Resulta fácil estar confiado y seguro *a veces,*
cuando estás bien descansado y las cosas marchan tranquilamente. Sin embargo, cuando las
cosas se agitan y se vuelven desagradables, con
frecuencia olvidas el objeto de tu esperanza: *yo.*
¡No obstante es cuando más me necesitas! Por
lo tanto, haz que tu objetivo sea mantener tus
ojos en mí *todo el día.* No podrás hacerlo a la
perfección, pero es un objetivo que merece la
pena, un objetivo que le da enfoque a tus pensamientos. Además, te ayuda a disfrutar mi
presencia, mientras continúas por *la senda de
la vida.*

Encamíname en tu verdad, y enséñame, porque tú eres el Dios de mi salvación; en ti he esperado todo el día. —Salmos 25.5

Hermanos míos, considérense muy dichosos cuando tengan que enfrentarse con diversas pruebas. —Santiago 1.2, NVI

A Jehová he puesto siempre delante de mí; porque está a mi diestra, no seré conmovido. Se alegró por tanto mi corazón, y se gozó mi alma; mi carne también reposará confiadamente [...] Me mostrarás la senda de la vida; en tu presencia hay plenitud de gozo; delicias a tu diestra para siempre. —Salmos 16.8–9, 11

El futuro es tan
brillante como las
promesas de Dios.

Adoniram Judson

Mas la senda de los justos es como la luz de la aurora, que va en aumento hasta que el día es perfecto.

Proverbios 4.18

ECHA SOBRE MÍ TU CARGA, PORQUE YO TE ESTOY cuidando. En realidad, soy muy buen receptor, por lo tanto, echa sobre mí tu carga —tu ansiedad y tus preocupaciones—, y despreocúpate. Tan pronto como sueltes aquellas cosas que te intranquilizan, podrás respirar con alivio y refrescarte en mi presencia amorosa. No importa si tienes que hacerlo muchas veces al día, y en ocasiones durante la noche también. Yo siempre estoy despierto, listo para recibir tus preocupaciones y llevar tus cargas.

Debido a que soy infinitamente poderoso, llevar tus cargas no me ahoga en lo absoluto. De hecho, disfruto mucho este juego como receptor, porque veo que tu carga se hace más ligera y tu rostro más radiante. No importa cuánto me eches, ¡nada se me cae! Por lo tanto, no dejes que tus preocupaciones te ahoguen. Recuerda que yo estoy contigo, listo para ayudar con lo que estés enfrentando. En lugar de reflexionar en tus problemas, mírame despreocupadamente y di: «¡Atrápalo, Jesús!». Luego avienta tus preocupaciones hacia mis manos fuertes que están esperando.

Echando toda vuestra ansiedad sobre él,
porque él tiene cuidado de vosotros.
—1 Pedro 5.7

Examíname, oh Dios, y conoce mi corazón;
pruébame y conoce mis pensamientos.
—Salmos 139.23

Jehová es tu guardador; Jehová es tu sombra a
tu mano derecha. El sol no te fatigará de día, ni
la luna de noche. Jehová te guardará de todo
mal; El guardará tu alma. Jehová guardará tu
salida y tu entrada desde ahora y para siempre.
—Salmos 121.5–8

Bendito el Señor; cada día nos colma de
beneficios el Dios de nuestra salvación.
—Salmos 68.19

140

ALGUNAS VECES TU PEREGRINAJE POR ESTE mundo resulta pesado. Sientes como si te estuvieras arrastrando cuesta arriba con ropa de plomo y no deseas dar otro paso. En esas ocasiones necesitas detenerte y volver a concentrar tus pensamientos en mí. Recuerda que soy tu compañero constante, ansioso por ayudarte a dar el siguiente paso, y luego el siguiente. ¡Tienes que dar un paso a la vez! En lugar de ver el futuro desalumbradamente, con terror del trecho por delante, dirige tu enfoque al presente y a mi presencia contigo.

A medida que camines por la senda de tu vida, deja que la esperanza del cielo brille radiantemente sobre ti, alumbrando tu perspectiva radicalmente. Aunque el camino parezca empinado y difícil, el final de tu viaje es asombrosamente precioso, ¡fuera de lo descriptible! Y a cada momento te encuentras más cerca de tu hogar celestial. Al mirarme en fe —confiando en mi obra consumada en la cruz—, la luz de la esperanza celestial brilla sobre ti y alumbra el camino delantero.

Venid a mí todos los que estáis trabajados y cargados, y yo os haré descansar.
—Mateo 11.28

Porque en esperanza fuimos salvos; pero la esperanza que se ve, no es esperanza; porque lo que alguno ve, ¿a qué esperarlo? Pero si esperamos lo que no vemos, con paciencia lo aguardamos. —Romanos 8.24–25

El Señor me librará de todo mal y me preservará para su reino celestial. A él sea la gloria por los siglos de los siglos.
—2 Timoteo 4.18, NVI

Bienaventurado el pueblo que sabe aclamarte; andará, oh Jehová, a la luz de tu rostro.
—Salmos 89.15

141

A VECES MIS CAMINOS SON MUY MISTERIOSOS, incluso para aquellos que me conocen íntimamente. Es tentador que mis seguidores intenten controlar las circunstancias de su vida siendo suficientemente buenos. Posiblemente ni siquiera se den cuenta de que eso está motivando su comportamiento. Pero cuando las circunstancias colisionan a su alrededor —a veces en maneras trágicas—, es posible que sientan como si yo los hubiera desilusionado.

Debes dejar espacio para el *misterio* en tu perspectiva del mundo, aceptando las limitaciones de tu inteligencia y tu conocimiento. Yo nunca seré predecible ni controlable, pero soy digno de confianza. Cuando la adversidad les golpee, a ti o a tus seres amados, recuerda las palabras de Job: «El Señor dio y el Señor quitó. Sea el nombre del Señor bendito».

Aunque Job flaqueara a veces durante su atroz sufrimiento, al final confesó: «Yo hablaba lo que no entendía. Cosas demasiado maravillosas para mí, que yo no comprendía». De igual manera, te insto a ver como misterios divinos lo

que no puedes comprender: *cosas demasiado maravillosas para ti.*

E indiscutiblemente, grande es el misterio de la piedad: Dios fue manifestado en carne, justificado en el Espíritu, visto de los ángeles, predicado a los gentiles, creído en el mundo, recibido arriba en gloria. —1 Timoteo 3.16

Entonces Job se levantó, y rasgó su manto, y rasuró su cabeza, y se postró en tierra y adoró, y dijo: Desnudo salí del vientre de mi madre, y desnudo volveré allá. Jehová dio, y Jehová quitó; sea el nombre de Jehová bendito. En todo esto no pecó Job, ni atribuyó a Dios despropósito alguno. —Job 1.20–22

¿Quién es el que oscurece el consejo sin entendimiento? Por tanto, yo hablaba lo que no entendía; cosas demasiado maravillosas para mí, que yo no comprendía. —Job 42.3

142

Yo estoy a la distancia de una oración, escuchando con atención, incluso con la voz más tierna. Al que está enamorado le gusta estar cerca de la otra persona, normalmente tanto como sea posible. A menudo se susurran palabras de afecto, palabras que nadie más puede escuchar. Esa clase de cercanía, en la que se susurran palabras de amor, siempre está disponible para ti en tu relación conmigo. *Cercano estoy a todos los que me invocan*, aunque tu llamada sea el susurro más débil. Esta promesa es para *todos los que me invocan en verdad*, quienes me conocen como *la Verdad*.

Desde luego, yo también respondo a las oraciones silenciosas, pero susurrar tus palabras puede hacerte sentir más cercano a mí. Escuchar tu propia voz —aunque débilmente— refuerza tu conexión conmigo. Fortalece tu conciencia de mi presencia invisible y te acerca a mi abrazo amoroso. Aunque rara vez les hablo audiblemente a mis hijos, puedes escuchar mis tiernos susurros en tu corazón. Escúchame decirte: «Yo estoy contigo. Te amo. *No te desampararé, ni te dejaré*».

*Cercano está Jehová a todos los que le invocan,
a todos los que le invocan de veras.*
—Salmos 145.18

*Jesús le dijo [a Tomás]: Yo soy el camino, y la
verdad, y la vida; nadie viene al Padre, sino
por mí.* —Juan 14.6

*Nadie te podrá hacer frente en todos los días de
tu vida; como estuve con Moisés, estaré contigo;
no te dejaré, ni te desampararé.* —Josué 1.5

*El le dijo: Sal fuera, y ponte en el monte delante
de Jehová. Y he aquí Jehová que pasaba, y un
grande y poderoso viento que rompía los
montes, y quebraba las peñas delante de
Jehová; pero Jehová no estaba en el viento. Y
tras el viento un terremoto; pero Jehová no
estaba en el terremoto. Y tras el terremoto un
fuego; pero Jehová no estaba en el fuego. Y tras
el fuego un silbo apacible y delicado.*
—1 Reyes 19.11–12

143

DIRIGE TUS PENSAMIENTOS HACIA MÍ CADA vez más. Cuando estás trabajando en un proyecto difícil tiendes a buscar mi rostro y mi ayuda con frecuencia. Eso me agrada y mejora el trabajo que estás haciendo. Eso posee un ritmo deleitoso: me buscas esperando escuchar; luego actúas con la ayuda de mi Espíritu. Eso se repite una y otra vez, mientras tú y yo colaboramos en el proyecto. Estar atento a mí requiere de un esfuerzo constante, pero esta manera colaborativa de hacer las cosas no te agota.

Te animo a vivir así cada vez más. Cuando la tarea ante ti es menos desafiante, tiendes a ponerme menos atención. Incluso te olvidas de mí durante un rato, mientras tu mente se desvía hacia un punto neutral. Olvidas que vives en un mundo en guerra, con un enemigo que no descansa. Es por ello que el apóstol Pablo les advierte a los cristianos que *velen y oren en todo tiempo*.

Entre más dirijas tus pensamientos hacia mí, más vivo te sentirás. Este privilegio de orar no es una tarea. ¡Es una jubilosa cuerda de salvamento!

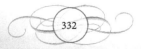

Siéntanse orgullosos de su santo nombre;
alégrese el corazón de los que buscan al Señor.
—Salmos 105.3, NVI

Mis ovejas oyen mi voz, y yo las conozco, y me
siguen, y yo les doy vida eterna; y no perecerán
jamás, ni nadie las arrebatará de mi mano.
—Juan 10.27–28

Entonces apareció una nube que los envolvió,
de la cual salió una voz que dijo: «Éste es mi
Hijo amado. ¡Escúchenlo!» De repente, cuando
miraron a su alrededor, ya no vieron a nadie
más que a Jesús. —Marcos 9.7–8, NVI

Orando en todo tiempo con toda oración y
súplica en el Espíritu, y velando en ello con
toda perseverancia y súplica por todos los
santos. —Efesios 6.18

144

SÉ SOBRIO, PONIÉNDOTE COMO CORAZA LA FE Y el amor; y la salvación como tu yelmo. El dominio propio definitivamente implica lucha, a medida que ejerzas tu voluntad para abstenerte del comportamiento impío. Sin embargo, tienes a tu disposición abundante ayuda en esta batalla. Mi Espíritu, que vive en tu interior, es tu ayudador. Y *el fruto del espíritu es amor* [...] *dominio propio.*

La coraza está diseñada para proteger tu corazón y otros órganos vitales cuando estás en batalla. El *amor y la fe* se combinan para hacerla una coraza excepcional. Tu fe en mí, tu Salvador, te permite confiar en mi justicia, la cual es tuya ahora y siempre. El amor es la esencia de mi relación redentora contigo. *La esperanza de la salvación* es un grandioso yelmo, porque protege tu mente y te recuerda que me perteneces para siempre.

La *fe,* la *esperanza* y el *amor* obran juntos para protegerte en tu trayecto por este mundo. Además te mantienen cerca de mí.

Pero nosotros, que somos del día, seamos sobrios, habiéndonos vestido con la coraza de fe y de amor, y con la esperanza de salvación como yelmo. —1 Tesalonicenses 5.8

Mas el fruto del Espíritu es amor, gozo, paz, paciencia, benignidad, bondad, fe, mansedumbre, templanza; contra tales cosas no hay ley. —Gálatas 5.22–23

Manténganse firmes, ceñidos con el cinturón de la verdad, protegidos por la coraza de justicia, y calzados con la disposición de proclamar el evangelio de la paz. —Efesios 6.14–15, NVI

Y ahora permanecen la fe, la esperanza y el amor, estos tres; pero el mayor de ellos es el amor. —1 Corintios 13.13

Te estoy preparando
para que mantengas en
tu corazón un doble
enfoque: mi presencia
permanente y la
esperanza del cielo.

JESÚS TE LLAMA

Por tanto, ceñid los lomos de vuestro entendimiento, sed sobrios, y esperad por completo en la gracia que se os traerá cuando Jesucristo sea manifestado.

1 Pedro 1.13

145

ESFUÉRZATE Y YO ALENTARÉ TU CORAZÓN. DESEO que enfrentes la adversidad con confianza y una determinación firme. Debido a que yo estoy contigo y el Espíritu Santo vive en ti, tienes todo lo que necesitas para ser valiente. La cobardía no pertenece a mi reino. Cuando te estés sintiendo abrumado por tus circunstancias, recuerda quién eres: ¡un hijo del Rey eterno! Invítame a participar en las circunstancias que te están intimidando y deja que la luz de mi poderosa presencia te fortalezca. Cuando elijes vivir con valentía, yo me agrado. Y respondo fortaleciendo tu corazón, incrementando así tu valor.

Espera las adversidades en tu camino al cielo, porque vives en un mundo quebrantado. Es por ello que mis seguidores necesitan valentía con desesperación. Mi promesa de *fortalecer tu corazón* es para aquellos que *esperan en mí*. La valentía y la esperanza están conectadas con mi reino. Por lo tanto, te insto a *sujetarte a tu valentía y a tu esperanza*. ¡Estas son más preciosas que el oro!

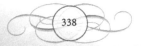

Esforzaos todos vosotros los que esperáis en Jehová, y tome aliento vuestro corazón.
—Salmos 31.24

Pues no habéis recibido el espíritu de esclavitud para estar otra vez en temor, sino que habéis recibido el espíritu de adopción, por el cual clamamos: ¡Abba, Padre! El Espíritu mismo da testimonio a nuestro espíritu, de que somos hijos de Dios. Y si hijos, también herederos; herederos de Dios y coherederos con Cristo, si es que padecemos juntamente con él, para que juntamente con él seamos glorificados.
—Romanos 8.15–17

Por tanto, al Rey de los siglos, inmortal, invisible, al único y sabio Dios, sea honor y gloria por los siglos de los siglos.
—1 Timoteo 1.17

Pero Cristo como hijo sobre su casa, la cual casa somos nosotros, si retenemos firme hasta el fin la confianza y el gloriarnos en la esperanza. —Hebreos 3.6

146

MI PAZ ES UNA ALMOHADA SUAVE Y RECONFORTANTE para tu agotada cabeza. Aleja tu mente de los planes y los problemas, de manera que puedas descansar en mi presencia sanadora. Susurra: «Confío en ti, Jesús», mientras te relajas —cuerpo, mente y alma— en mi presencia protectora. Si algún pensamiento de inquietud intenta entrometerse, entrégamelo *con acción de gracias.* Agradece que comprenda todo acerca de ti y de tus circunstancias; además, te amo eternamente y te cuido continuamente. En lugar de pensar en tus problemas deja que estas preciosas verdades renueven tu mente. *Te harán libre.*

A medida que te refresques en mi presencia calmada —confiando en mí y agradeciéndome—, yo obraré por ti. Mientras permaneces en comunicación conmigo, yo te muestro el camino adelante. Es posible que abra un camino que antes parecía estar bloqueado, o probablemente te lleve por una senda completamente distinta. Recuerda que nunca estás solo en tus batallas. Tienes a un Consolador que es infinitamente poderoso, tiernamente amoroso y más sabio de lo que puedas comprender. ¡Por lo tanto *alégrate!*

*Y él dijo: Mi presencia irá contigo, y te daré
descanso. —Éxodo 33.14*

*Regocijaos en el Señor siempre. Otra vez digo:
¡Regocijaos! Vuestra gentileza sea conocida de
todos los hombres. El Señor está cerca. Por
nada estéis afanosos, sino sean conocidas
vuestras peticiones delante de Dios en toda
oración y ruego, con acción de gracias. Y la paz
de Dios, que sobrepasa todo entendimiento,
guardará vuestros corazones y vuestros
pensamientos en Cristo Jesús.
—Filipenses 4.4–7*

*Jesús se dirigió entonces a los judíos que habían
creído en él, y les dijo: Si se mantienen fieles a
mis enseñanzas, serán realmente mis
discípulos; y conocerán la verdad, y la verdad
los hará libres. —Juan 8.31–32, NVI*

*Pero cuando venga el Consolador, a quien yo
os enviaré del Padre, el Espíritu de verdad, el
cual procede del Padre, él dará testimonio
acerca de mí. —Juan 15.26*

341

147

Esperar es una parte inevitable de la vida en este mundo. Uno de los momentos más difíciles en qué esperar es durante la noche, cuando no puedes dormir. Cuando la oscuridad se hace interminable y estás esperando los primeros rayos del sol, puedes sentirte como *los centinelas que esperan a la mañana*. Sin embargo, no importa cuan larga parezca ser la noche, el amanecer viene finalmente. Debido a que yo creé un mundo ordenado, puedes contar con el amanecer.

Hay mucho que aprender de este patrón de espera expectante, seguido del amanecer de un nuevo día. Quien está batallando con problemas a largo plazo puede sentirse como si su sufrimiento fuera interminable. Pero para mis hijos hay razones para tener esperanza, incluso cuando las circunstancias continúen estando oscuras. ¡El *socorro* vendrá! Yo cambio las situaciones y alivio el sufrimiento en un instante. Además, cada uno de mis seguidores se encuentra en un camino que lleva al cielo.

Tal como a veces la noche parece terriblemente larga y sin embargo siempre termina en el amanecer, así será tu viaje por este mundo

—sin importar cuan largo y difícil parezca—, ¡definitivamente terminará en gloria!

Esperé yo a Jehová, esperó mi alma; en su palabra he esperado. Mi alma espera a Jehová más que los centinelas a la mañana, más que los vigilantes a la mañana. —Salmos 130.5–6

En cuanto a mí, veré tu rostro en justicia; estaré satisfecho cuando despierte a tu semejanza. —Salmos 17.15

Y a Aquel que es poderoso para hacer todas las cosas mucho más abundantemente de lo que pedimos o entendemos, según el poder que actúa en nosotros, a él sea gloria en la iglesia en Cristo Jesús por todas las edades, por los siglos de los siglos. —Efesios 3.20–21

Ya no será el sol tu luz durante el día, ni con su resplandor te alumbrará la luna, porque el Señor será tu luz eterna; tu Dios será tu gloria. —Isaías 60.19, NVI

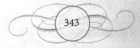

148

MI PALABRA ES VIVA Y EFICAZ; DISCIERNE LOS pensamientos y las intenciones del corazón. Debido a que la Escritura es viva, está activa y llena de poder; puede tocar profundamente los corazones y transformar vidas por completo. Yo he cambiado *tu* vida a través de las maravillas de la verdad bíblica. Mi Palabra está obrando continuamente en ti, transformando las profundidades de tu ser. Entre más de la Escritura tengas en tu mente y tu corazón, más fácilmente puedo moldearte.

Crecer en gracia es asunto de transformación: ser más como yo. Yo nunca cambio, *soy el mismo ayer, hoy y por los siglos.* De manera que tú eres quien necesita cambiar, ser moldeado cada vez más a mi semejanza. Esta es una gloriosa aventura y un asombroso privilegio. No obstante, algunas veces también es doloroso. El cambio siempre involucra alguna pérdida y puede desencadenar la ansiedad. El remedio es asirte de mi mano, caminar conmigo por la senda que te he preparado, dependiendo de mí con confianza. *Mi Palabra es lámpara a tus pies y lumbrera a tu camino.*

Porque la palabra de Dios es viva y eficaz, y más cortante que toda espada de dos filos; y penetra hasta partir el alma y el espíritu, las coyunturas y los tuétanos, y discierne los pensamientos y las intenciones del corazón.
—Hebreos 4.12

Jesucristo es el mismo ayer, y hoy, y por los siglos. —Hebreos 13.8

Porque a los que antes conoció, también los predestinó para que fuesen hechos conformes a la imagen de su Hijo, para que él sea el primogénito entre muchos hermanos.
—Romanos 8.29

Lámpara es a mis pies tu palabra, y lumbrera a mi camino. —Salmos 119.105

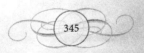

SI TIENES UN PROBLEMA QUE VA Y VIENE durante un largo periodo de tiempo, posiblemente comiences a temer su recurrencia. Esa reacción solamente empeora las cosas. Cuando la situación dolorosa regresa tiendes a sentirte tenso y derrotado. Comienzas a juzgar cada día en que se presenta esa circunstancia como un *mal día*. Este es un enfoque doloroso y negativo.

Permíteme sugerirte un mejor enfoque: cuando el problema esté ausente o sea mínimo, gózate y agradéceme continuamente, tanto como puedas recordar. Si el problema está presente, mírame y afirma en mí tu confianza. Pídele a mi Espíritu que te ayude a perseverar y a mantener en mí tu enfoque. Al hacerlo, conectas algo positivo —confiar en mí—, con algo que anteriormente considerabas negativo.

Si lo haces constantemente, te encontrarás en una situación en que todos ganamos. Más importante aun, ya no dejarás que las circunstancias dicten la calidad de tu vida. *Gózate siempre. Ora sin cesar, ora perseverantemente. Dame gracias en todo, sin importar cuáles sean tus circunstancias.*

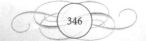

Gozosos en la esperanza; sufridos en la
tribulación; constantes en la oración.
—Romanos 12.12

Estén siempre alegres. Nunca dejen de orar.
Sean agradecidos en toda circunstancia, pues
esta es la voluntad de Dios para ustedes, los
que pertenecen a Cristo Jesús.
—1 Tesalonicenses 5.16–18, NTV

Por la mañana hazme saber de tu gran amor,
porque en ti he puesto mi confianza. Señálame
el camino que debo seguir, porque a ti elevo mi
alma. —Salmos 143.8, NVI

YO SOY *CRISTO EN TI, LA ESPERANZA DE GLORIA.* El Mesías —el Salvador del mundo— ¡vive en *ti*! Esta promesa es para todo aquel que tiene fe en mí: yo *habito por la fe en tu corazón.* Esta maravillosa bendición es una obra de mi Espíritu en el interior de tu ser. Entre más confíes en mí, más podrás disfrutar mi presencia que mora en ti, y más eficazmente podré vivir a través de ti.

En un mundo que puede parecer cada vez más desesperado, recuerda que yo soy *la esperanza de la gloria.* Esta esperanza se trata finalmente del cielo, donde vivirás conmigo para siempre. Pero la luz de la gloria celestial es tan brillante que algunos de sus rayos pueden alcanzarte incluso en el presente, sin importar cuan oscuras puedan parecer tus circunstancias. Yo soy *la luz que resplandece en la oscuridad, y la oscuridad jamás podrá apagarla.* A medida que me sigas por la senda de tu vida, vestido de mi justicia, esta luz *irá en aumento hasta que el día alcance su plenitud.*

A quienes Dios quiso dar a conocer las riquezas de la gloria de este misterio entre los gentiles; que es Cristo en vosotros, la esperanza de gloria. —Colosenses 1.27

Para que os dé, conforme a las riquezas de su gloria, el ser fortalecidos con poder en el hombre interior por su Espíritu; para que habite Cristo por la fe en vuestros corazones, a fin de que, arraigados y cimentados en amor. —Efesios 3.16–17

La luz brilla en la oscuridad, y la oscuridad jamás podrá apagarla. —Juan 1.5, NTV

La senda de los justos se asemeja a los primeros albores de la aurora: su esplendor va en aumento hasta que el día alcanza su plenitud. —Proverbios 4.18, NVI

Índice de versículos

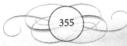

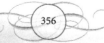

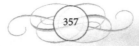

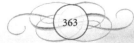